铁路典藏

新中国早期铁路院校毕业证书

温艳才 著
中国收藏杂志社 编

中国商业出版社

温艳才 高级工程师。作为一名 70 后，他是幸运的。在 20 世纪 80 年代末考大学不亚于千军万马过独木桥的形势下，他考上哈尔滨铁路工程学校，并于 1991 年毕业。毕业后即投身于中国铁路建设中。1999 年，他又到西南交通大学进修，练就了扎实的专业知识与技能。

更幸运的是，温艳才在获得一份虽然艰苦但充满热爱的铁路工作的同时，还一脚迈入了铁路收藏的大门。一直奋战在铁路一线的他，在二十多年的时间里，收藏了自清末以来的各种铁路票证 5 万余张，证书、文凭、奖状等 5000 余张；各类收藏书籍 1 万余册，其中铁路资料 1000 余册。可以说，他是当之无愧的铁路收藏的专家级人物。

他致力于收藏的同时，也深耕于研究。如今，他担任中国收藏家协会铁路文化收藏委员会副会长、中国收藏家协会票证收藏委员会副主任、中国收藏家协会铁路集邮协会副会长等。

为铁路文化的传承摇旗呐喊，是他一生的追求与目标。

作者简介

原铁道部副部长国林为本书题字:
铁路典藏

鐵路典藏

序言

铁路融于血脉 他与时代同呼吸

学的是铁路工程专业,干的是铁路系统工作,藏的是铁路院校证书。可以说,温艳才生活中的大部分时光都在与铁路打交道。铁路历史、铁路文化、铁路科技……这些"因子"已经深深地渗透进他的血脉,融于他的生活中。

熟悉温艳才的人都知道,一年365天中,他几乎天天奋战在铁路一线。只要与他说起铁路,你会看到他整个人都在发光。这种"光"来自于他对中国铁路深厚的情与炙热的爱。铁路战线是艰苦的,但他苦中作乐的方式就是收藏铁路票证。数千张铁路院校毕业证书,即是他二十余年寻访搜集的心血成果。

这不是一个人的成果，而是中国铁路一笔宝贵的财富。他开拓了藏界疆域。一张张不起眼的铁路院校毕业证书在他手上，转化为一个成体系、有规模的收藏专项，让人们重新认识到这些曾被岁月掩埋的纸品的价值。

他填补了历史空白。在浩瀚如烟的铁路院校毕业证书中，你会发现，有些学校已经永远地消逝在历史的长河中。而幸存于今的证书，可能就是它们来过世界的唯一凭证。

他推进了收藏研究。收藏与研究本就应该"一体"，只有"一体"，才能真正了解藏品的价值，进而走入历史时空，与古人对话。以毕业证书为例，其上的文字、图案、印章等等，都暗藏着解锁历史的密钥。从这个角度而言，藏品不是静止的，而是鲜活的。研究得越是深透，所获得的密钥越多，历史的真相才会慢慢浮现。

温艳才深知"藏研并举"的重要性，所以在其二十多年的收藏生涯中，他始终以此为核心理念，并积极付诸实践。近些年，在《中国收藏》杂志上，我们常常可以读到温艳才关于铁路藏品研究的文章；他还自己开设了公众号，不定期地发表自己关于铁路文化与收藏的思考。从公众号到期刊，经过时间的积累、研究的深入，最终在今天，我们看到这样一部《铁路典藏——新中国早期铁路院校毕业

序言

证书》的专著诞生。

这是一个循序渐进的过程。在当下浮躁的社会，还有人在一个"冷门"里苦心钻营二十余年，这份执着与坚持是常人难以达到的，也是值得令人敬佩的。

再翻看这本书中百余张毕业证书，它们虽然轻薄，但背后却有着千钧的分量——既见证了人在学海的浮沉，更烙上了一个时代、一段历史的印记。当一张一张铁路院校毕业证书从眼前闪过，我们犹如在阅读一部中国铁路的百年历史。从中，你会强烈地感受到：中国铁路有今天的高速发展，来之不易；中国有今天的强大，我们应该倍加珍惜。

值得一提的是，中国收藏杂志在今年迎来了创刊二十周年。在这二十年里，我们见证了中国收藏事业的蓬勃发展，也看到了一批又一批有卓识的收藏家成长起来。他们借我们杂志一角，纷纷发表收藏心得，这在一定程度上对收藏文化的学术研究起到了推动作用。未来，我们希冀将更多收藏家好的藏品展示给更多读者，真正讲好中国文化的故事。

中国收藏杂志社

2021 年 5 月

选择你，终身无悔

铁路，在我的人生中，是沉甸甸的。这份沉甸甸，让我在二十多年的时光里，痴心不改、孜孜不倦地收藏与它有关的一切藏品。这其中最具分量的，莫过于铁路院校毕业证书。

我常年奋战在铁路建设一线，走遍了祖国城市乡村、山川大地，一路工作，一路寻宝。股票债券、票证书籍、图纸文献、奖状证书，无所不藏，亦无所不有。时至今日，积累了数十个品类、数以十万计的藏品，它们成为我平凡人生中最珍爱的精神财富。之所以如此无怨无悔、乐此不疲，是因为"保护文物、传承文化"，始终是我坚定的方向和

自序

不变的初心。

一张张来自于20世纪五六十年代的铁路院校毕业证书，便是我对这份信念的有力见证。它们已经微微泛黄，在时间的流转中，正变得脆弱与无助。但，它们背后所蕴藏的能量是无穷的。从字里行间，我获得的是一个时代的"密码"。

将时钟拨回至百余年前。1868年，"留学之父"容闳向清廷提出"幼童赴美留学计划"。自1872年起，共有120名幼童分四批赴美学习，其中20余名学习交通技术。回国后，他们成为了中国第一代铁路管理者和工程师，而"中国铁路之父"詹天佑就是首批派出的30名幼童之一。而后，在洋务派的推动下，1896年山海关北洋铁路官学堂成立，这是中国历史上创办的第一所高等学校性质的铁路学堂。到了1897年，在督办铁路大臣盛宣怀的积极努力下，南洋公学诞生。此后，致力于培养铁路人才的小学和职业学校相继出现。1909年，铁路管理传习所在北京成立，这是中国第一所培养铁路管理人员的学校。同年，道清铁路工匠夜学所在河南焦作创立，这是我国第一所职工学校。

随着铁路院校的陆续开办，毕业证书等相关证明也应运而生。据有关资料记载，我国第一张大学文凭出自国立高等学府北洋大学（天津大学前身），是清光绪二十六年（1900年）正月颁发给首届毕业生王宠惠的"钦字第一号考凭"。而我国与近代学校制度相适应的正式毕业文凭则始于1908年。那一年11月25日，清廷颁布了《各学堂修业文凭条例》，通令京外各学堂，酌定自戊申（1908年）下学期实行修业文凭制度。自此，兴学以来的毕业证书制度逐渐健全。

这里所指的证书包括毕业证书、结业证书和肄业证书三种。当然也有其他叫法，如修业证书、毕业文凭、证明书等。毕业证书又分学历教育与非学历教育两种。后者主要是指培训类机构所颁发的证书。从这些证书中，我们不难一窥铁路教育的发展，也能看到中国铁路的腾飞。

需要一说的是中华人民共和国成立初期，百业待兴，铁路成为新中国发展最重要的一个行业部门。旧中国留下的铁路不仅量少，而且质差，大多处于东北和东部沿海地带，幅员辽阔的内陆为数甚少。要恢复生产，交通运输畅通必不可少；而要恢复交通运输，就必须大力兴修铁路。

真正有计划大规模地开展铁路新线建设，是从1953

自序

年执行国民经济的第一个"五年计划"开始的。整个"一五"期间,国家用于铁路基本建设的投资为 62.89 亿元,占全国基本建设投资总额的 10.7%,其中用于新线建设的投资为 29.57 亿元,占铁路基本建设投资总额的 47%。

收藏,离不开时代。出自于 20 世纪五六十年代的证书便深深烙上了时代的印迹。那个年代,伴随着铁路建设的突飞猛进,各地铁路院校如雨后春笋般蜂拥而起。而这些证书,恰是那段"移山填海""愚公移山""战胜天险"等新中国铁路建设初期艰难岁月的见证。

不过,铁路院校毕业证书具有稀缺性。长期以来,由于其处于相对冷门的地位,所以追随者与投入者甚少。特别是在体制改革中,铁路院校相继剥离后,铁路教育领域的文化收藏与学术研究并不受重视。如此一来,我所选择的收藏门类就更显孤独。尽管如此,我依然觉得,任何承载着历史轨迹的收藏都是具有特别意义的。

选择收藏铁路院校证书,是我作为一个铁路人的责任与使命。终身无悔!

温艳才

2020 年 10 月

1 东北 为了大工业梦想

辽　宁——站在历史交会点上　　3
吉　林——从烽火硝烟中走来　　27
黑龙江——松花江畔几多风云　　33

43 华北 创造了多个第一

北　京——中国铁路的策源地　　46
天　津——沟通南北交通要道　　55
河　北——东方也有个康奈尔　　60
山　西——三晋大地重任在肩　　66
内蒙古——驼铃声声步履不停　　70

75 西北 钢铁骆驼在飞奔

甘　肃——大西北的交通咽喉　　77
陕　西——愚公移山感天动地　　84
新　疆——兰新铁路改写历史　　88

97 西南 青天蜀道变坦途

川　渝——人类可以征服自然　　99
贵　州——黔道难变成黔道通　　112

目录

117　华中　经济走廊连东西

　　湖　南——这里有一个巨无霸　　　　119
　　湖　北——终于不再隔江相望　　　　128
　　河　南——火车拉来的一座城　　　　132

139　华东　铁路串起长三角

　　上　海——巍巍学府人才辈出　　　　141
　　江　苏——苏南苏北两大枢纽　　　　154
　　浙　江——浙赣铁路述说传奇　　　　158
　　江　西——赣江之边车轮滚滚　　　　162
　　山　东——翻开胶济这部大书　　　　166

173　华南　两广共饮一江水

　　广　东——血染道钉铸就奇迹　　　　175
　　广　西——桂中商埠特立独行　　　　182

　　对话　　　　　　　　　　　　　　188
　　索引　　　　　　　　　　　　　　194
　　参考文献　　　　　　　　　　　　196
　　后记　　　　　　　　　　　　　　198

辽　宁——站在历史交会点上
吉　林——从烽火硝烟中走来
黑龙江——松花江畔几多风云

为了大工业梦想

东北

从 1881 年（清光绪七年）中国自办的第一条标准轨距（1435 毫米）铁路——唐胥铁路开始，到 1949 年的 68 年间，旧中国共修建铁路两万两千公里，而东北地区的铁路长度则超过了全国铁路总长度的一半。中华人民共和国成立后，东北地区的铁路更承担起支持国民经济建设和发展的运输重任。石油、装备、木材、粮食、煤炭等重点物资，随着黑土地上奔驰的列车被运送到全国各地，真可谓"火车一响，黄金万两"。

在新使命的感召下，兴修铁路、培育人才成为当务之急。由于铁路本身作为新生产力的关键组成部分，必须要由生产力中最活跃的部分即"人"来掌控它，继而"铁路基础教育"就显得尤为重要。在整个东北地区，由于修筑铁路，对铁路人才也有了前所未有的需求。从 20 世纪 50 年代开始，一个又一个铁路专业学校如雨后春笋般诞生，一批又一批铁路专业人才从这里走出，积极投身于中华人民共和国的铁路事业中。

而在一阵阵火车的轰鸣声中，东北地区也造就了"共和国长子"的美誉。"一五"期间，全国 156 项重点建设工程，东北地区就占了 58 项。中华人民共和国成立初期，在我国工业一穷二白之时，东北地区创造了第一艘万吨巨轮、第一辆汽车、第一台机床等众多"第一"，承载着中国"大工业"梦想的"一重""一汽"等企业坚定地走上了历史发展的舞台。

辽宁——站在历史交会点上

这里有从屈辱中诞生的沈阳苏家屯站。中华人民共和国成立初期,设施简陋的它曾在抗美援朝期间努力完成繁重的支前任务,做出突出贡献。

这里有历史悠久、辉煌一时的锦州铁路,当年在锦州是仅次于沈阳的交通枢纽。从20世纪60年代至80年代,锦州被划分为"铁道南"和"铁道北",号称"铁半城"。

这里还孕育了中华人民共和国第一所技工学校——中长铁路大连铁路工厂青年技术学校,它的建立成为了我国技工教育事业发展的起点……

站在历史交会点上,透过那一张张毕业证书,我们看到的是一部辽宁铁路波澜壮阔的历史。

沈阳铁路管理局大连第一职工学校 说起这个学校，我们还得从沈阳铁路管理局的历史说起。1949年3月15日，沈阳铁路军事管理局改为沈阳铁路管理局，直属东北行政委员会铁道部领导，并正式组建沈阳局政治部。1949年6月，根据中国人民革命军事委员会铁道部东北铁路总局的指示，以沈阳铁路管理局长第2521号命令公布，自1949年6月1日起，将东北铁路学院的沈阳分院改称为"沈阳铁路职工学校"，由沈阳铁路管理局领导。同时，将沈阳铁路职工业务训练班于7月1日并入沈阳铁路职工学校。校长由管理局长黄铎兼任，副校长为何志先、邢绳武。1950年5月1日，沈阳铁路管理局撤销，沈阳铁路职工学校随之撤销。中长铁路管理局成立后，于1950年10月分别成立沈阳、大连两所技术学校。沈阳技术学校于1951年10月4日迁址长春市，又于1952年4月8日由长春迁至大连，与大连技术学校合并为一所技术学校。

1953年1月1日，中长铁路管理局撤销，成立哈尔滨铁路管理局。根据铁道部的指示，1953年9月1日，大连技术学校改办为大连铁路学校（中等专业学校）。1956年1月1日，根据铁道部的指示，哈尔滨铁路管理局划分为哈尔滨、沈阳两个铁路管理局，即成立了沈阳铁路管理局。成立后对管内技术学校的布局和校名进行了调整，将大连技术学校改称为"沈阳铁路管理局大连第一职工学校"；1957年7月15日，大连第一职工学校迁址沈阳市，改称为"沈阳铁路管理局沈阳职工学校"。

沈阳铁路管理局职工学校毕业证书是颁发给常玉珍同志的，证明其确于1956年6月25日在第一职工学校副司机班5个月间学习期满，经考试委员会考试结果成绩及格，此证，校长吴天瑞，秘书刘萍，并盖有"沈阳铁路管理局大连第一职工学校"红色印章。

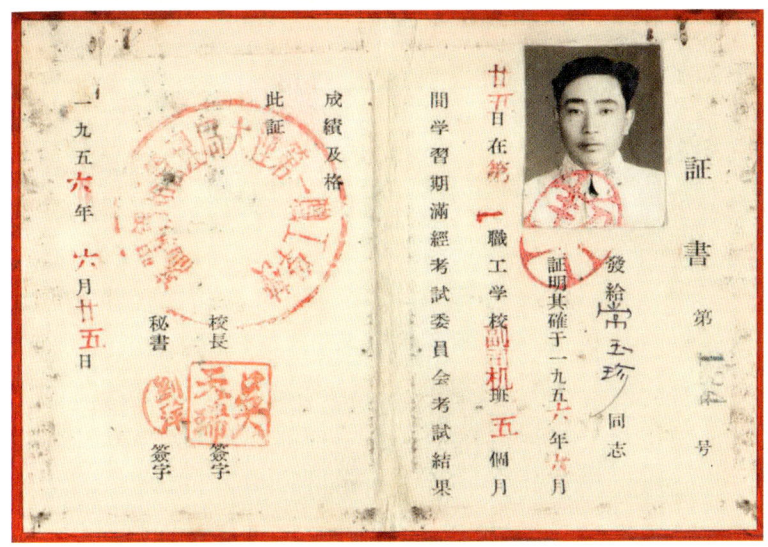

沈阳铁路管理局大连第一职工学校毕业证书

列车的摇篮——
沈阳机车车辆工厂红专大学

　　沈阳机车车辆工厂是由原皇姑屯南北两厂合并而成的。南厂是由英国于1926年投资兴建，日本侵占东北期间称"奉天铁道工厂"，国民党统治时期称"皇姑屯总机厂"。北厂是1938年由日本帝国主义侵略者建造的，称"满洲车辆株式会社"，国民党统治时期称"沈阳机车车辆制造股份有限公司"，曾少量制造过机车车辆。1948年11月2日，沈阳解放后南厂称皇姑屯铁路工厂、北厂称为皇姑屯车辆工厂。1950年抗美援朝战争开始后，北厂迁往他处，厂房划归南厂管理。1954年北厂重新扩建，到1956年又分为南北两厂，南厂称为皇姑屯机车客车修理工厂，北厂称皇姑屯货车修理工厂，1958年又合并为沈阳机车车辆工厂。

　　为适应职工业余初等教育和中等教育的发展，1958年10月，沈阳机车车辆工厂创办了六二制（六小时工作、两小时学习）半工半读"红专大学"和"红专学校"。"红专大学"统管全厂职工教育和普通教育的教学工作，由厂长石玉永兼任校长，邸成佳为专职副校长。至1961年"红专大学"停办时，学校已按预定教学计划完成了1970个课时，为工厂培训了一大批技术业务和管理干部。

　　20世纪70年代初期，铁道部与交通部合并为交通部，沈阳机车车辆工厂隶属交通部工业局，1975年又重属铁道部工业局。1985年，工厂成为铁道部机车车辆工业总公司所属企业。进入21世纪后，经过多次变迁，2016年1月6日，公司正式更名为中车沈阳机车车辆有限公司。

　　沈阳机车车辆工厂红专大学颁发的毕业证书，字第178号。证书边框由麦穗、玉米、白菜等农植物装饰，格外精美。上方中央是五角星，两侧围绕着六面五星红旗，下方中央是金黄色的齿轮。学员葛守光系山东人，32岁在中专财经专业修业期满，经考试成绩合格，准予毕业，1961年9月16日。

沈阳机车车辆工厂红专大学毕业证书

锦州扶轮小学第二校 由该校颁发的毕业证书，边框上方中间是扶轮学校的标志。证书内容为：学生王大仓系河北省大沽县人，13岁在本校初级修业期满，成绩及格，准予毕业，校长张一揆，民国三十六年（1947年）7月7日。

锦州铁路扶轮小学于1920年4月在锦县（后改为锦州）成立，开办时设初小，名锦县扶轮第十四小学。1922年初附设高小补习科，同年5月改名锦县扶轮高小、国民学校，后来又改名锦州扶轮小学。

"九·一八"事变后，学校被南满洲铁道株式会社（简称满铁）管理并继续办学，后移交伪满洲国地方政府共同管理。日本投降后，平津区铁路管理局向地方收回学校，并在锦州恢复建立两所扶轮小学，分别名为锦州扶轮第一小学和锦州扶轮第二小学。1947年7月，锦州扶轮第一小学有教职工17人，学生12个班，复原建筑及复旧开办费约100万元；锦州扶轮第二小学有教职工20人，学生16个班，复原建筑及复旧开办费约2083万元。1949年，改称锦州铁路职工子弟第二小学。

锦州铁路运输学校 该校毕业证书呈折叠式。翻开封面，左下角贴有学生的照片。学生安德江，23岁，辽宁省彰武县人，该生于1976年2月至1977年9月在本校信号专业学习期满，成绩及格，准予毕业，1977年9月29日。

锦州铁路运输学校创建于1948年，是国家级重点中等职业学校，1958年至1962年曾升格为铁道学院。2005年7月，学校由铁道部移交辽宁省人民政府，划归省教育厅直属管理。2008年3月，经辽宁省人民政府批准，学校升格为高职院校，更名为辽宁铁道职业技术学院。

锦州扶轮小学第二校毕业证书
锦州铁路运输学校毕业证书

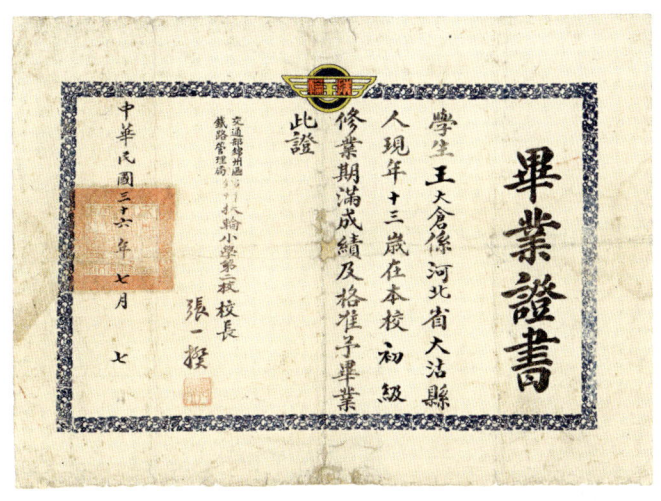

毕业证书 第313号

学生 安德江 现年23岁系辽宁省彰武县人该生于19 76年2月至19 77年9月在本校 信号 专业学习期满，成绩及格，准予毕业此证。

锦州铁路运输学校
19 77 年 9 月 29 日

锦州铁路管理局职工学校 锦州铁路历史悠久，辉煌一时，1983年机构改革之前，辽宁省有两个路局，即锦州铁路局和沈阳铁路局。锦州铁路局和沈阳铁路局直接归属铁道部管理。解放前，锦州铁路局叫东北总局驻锦办事处。1949年，锦州成立铁路局，恢复沈山线路，修复桥梁，抢修抢运，粮食、弹药等一切军用物资都是通过沈山线运送到关内外的。锦州铁路管理局职工学校的相关证书便是那段历史的有力证明。

1949年颁发的锦州铁路管理局职工学校的毕业证书，为学员毕守勤和葛振长所有。证书右边写有毕业生姓名，及"于本校第二期学习期满，成绩合格，准予毕业，此证"等字样。左边署有校长耿伟、副校长郑焰，并在名字下方印有名章。毕业时间上还印有锦州铁路管理局职工管理学校的红色印章。

1952年8月，根据铁路局指示，原来短期性质的锦州铁路局职工学校改为中等技术学校（属中专性质），命名锦州铁路技术学校，在初中毕业生中招收新生，学制2年至3年。

这两张证书上方的标志为当时东北铁路的标志。抗日战争胜利后，即1946年7月25日，东北铁路管理总局在哈尔滨成立，总局局长陈云，政委李富春和陈正人，副总局长吕正操、郭洪涛、马钧和陈大凡。总局直接领导在东北组建的各铁路管理局。同年8月，东北铁路管理总局改

锦州铁路管理局职工学校毕业证书及
技术管理规程考试及格证书

东北 为了大工业梦想

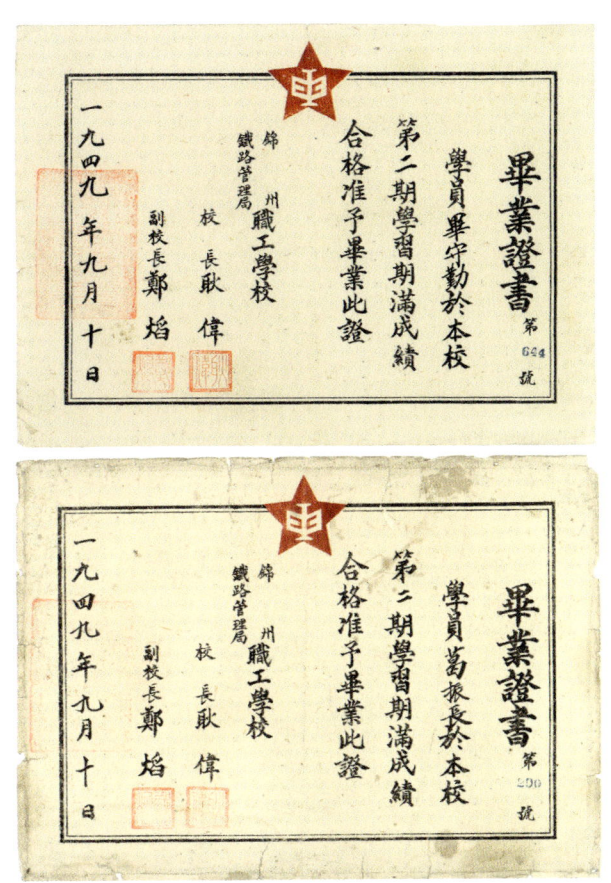

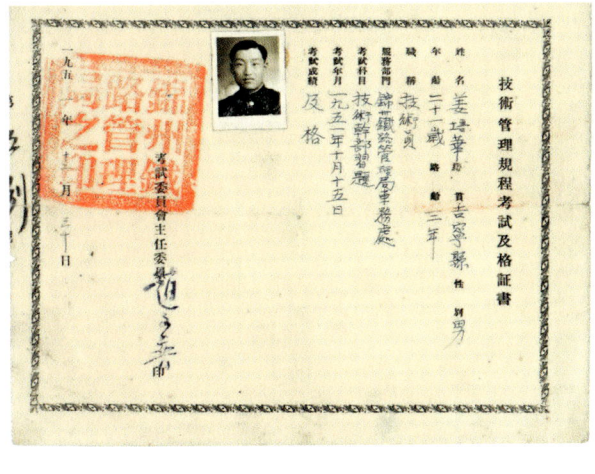

属东北行政委员会，吕正操任总局长兼政委。1948年11月2日，沈阳解放后，东北铁路管理总局迁至沈阳。东北铁路局路徽由钦轨断面、繁体字"東"和"北"字叠加组成，浑然一体。

另有一张锦州铁路管理局技术管理规程考试及格证书。内容显示：学生姜培华，现年21岁，在锦州铁路管理局车务处担任技术员，考试技术干部习题考试成绩及格，时间为1951年12月30日，并印有"锦州铁路管理局"红色印章。

锦州铁路管理局培训学校 1948年，锦州解放后，锦州铁路管理局人事处专门负责职工技术业务培训工作，每年有计划有组织地进行。1950年11月10日，锦州铁路管理局专门向各分局发出《关于目前培养行车人员的指示》。分局配备专职教育工程师，指导基层站段技术业务培训工作。除抽调一部分骨干力量送铁路局职工学校培训外，还组织短期脱产或业余的技术业务训练。1956年，分局提出"工会组织帮助行政加强技术业务教育，不仅向文化进军，还要向科学技术进军"的目标。进入20世纪60年代，职工技术业务培训重点是大练基本功。

锦州铁路管理局财务训练班毕业证书，编号为锦教字第154号。红色花纹边框，上方中央是铁路路徽。学员黄生如29岁在本局财务训练班第二期学习三个月期满，考查成绩及格，准予毕业，1952年2月6日，并有"锦州铁路管理局"红色印章。

畢業証書

錦教字第一五四號

學員黃生如現年二十九歲在本局財務處主辦之財務訓練班第二期學習三個月期滿考查成績及格准予畢業此証

錦州鐵路管理局長

一九五二年二月六日

锦州铁路管理局财务训练班毕业证书

修業證書 第25號

學員趙鳳山 係遼西省開原縣(市)人現年三二歲在本段(隊)舉辦之工人脫產冬學學習二個月期滿經考試合於小學二年級程度特此發給修業證書

錦州鐵路管理局
電務工人脫產冬學校長

一九五二年四月九日

这两张证书，一张是1952年4月9日锦州铁路管理局电务工人脱产冬学修业证书，另一张是1958年2月3日锦州铁路管理局车辆钳工训练班的毕业证书。两位学员赵凤山、郑生叶均考试合格，准予修业及毕业。证书边框金黄色的麦穗，寓意着铁路人才的硕果累累。

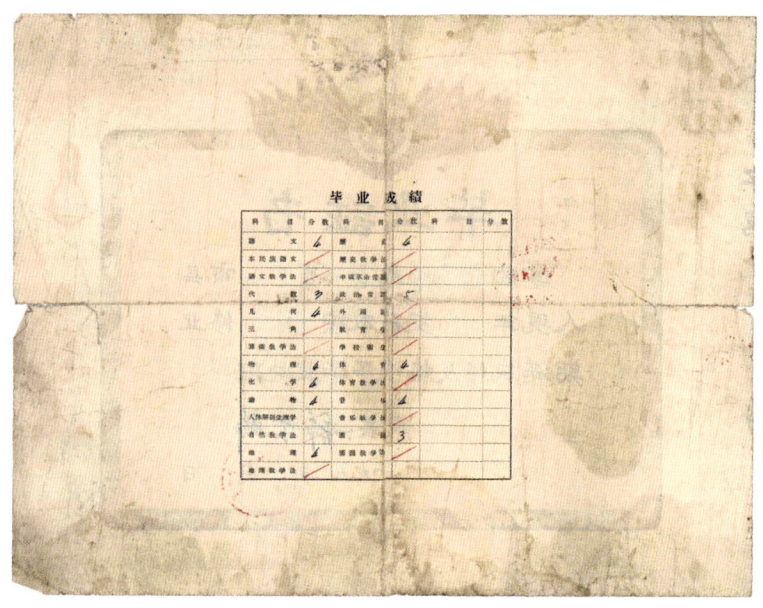

锦州铁路职工子弟第一中学毕业证书

锦州铁路职工子弟第一中学 这所学校是沈阳铁路局锦州分局的一所全日制完全中学，也是辽宁省首批重点中学之一，现属锦州铁路分局管辖。锦州铁路第一中学的前身是锦州扶轮中学，创建于1948年9月1日。10月上旬，解放锦州的战役开始后，学校停课。1948年10月15日锦州解放后，11月初学校成立了以李森为主任委员的复校委员会，筹备复校事宜。复校后的12月，锦州铁路局将原国民党军队临时医院作为校舍。1949年2月改名为锦州铁路中学，1950年5月铁道部驻东北特派员办事处教育部派罗衡任学校第一任校长。到了1969年12月，学校划归锦州铁路修配厂领导，校名改为锦州铁路修配厂五七学校。1972年8月，学校校名恢复为锦州铁路职工子弟第一中学。1983年，锦州局并入沈阳铁路局，学校由锦州铁路分局直接领导。

辽宁省锦西人梁春友18岁时在锦州铁路第一中学初中修业期满获得毕业证书，为毛笔书写。证书四周是棉桃、稻穗等图案装饰的边框。证书上方的中间是五星红旗簇拥着齿轮和五角星。证书衬底中间有两幅图案——高塔和烟囱林立的工厂，以及农业机械在紧张地收割。

位于辽宁锦州黑山县的励家站建于1901年，百余年后，锦州铁路分局于2003年撤销该站，站房也于2004年拆除，车站等级改为乘降所。

锦州铁路管理局干部学校 1958年5月，锦州铁路管理局干部学校成立，将锦州铁路管理局职工学校（1949年11月19日成立）、干部文化补习学校（1955年3月1日成立）和政治训练班并入干部学校。1961年8月，锦州铁路局干部学校撤销，恢复成立锦州铁路局职工学校，1962年9月撤销职工学校；又于1963年恢复成立锦州铁路局职工学校。至1966年12月停办。

锦州铁路管理局干部学校颁发的证书，上方中间是散发光芒的五角星，边框是点缀的圆圈。证书内容为：学员王福林，28岁在本年第一期车务综合班学习四个月期满，经考试成绩及格，此证，1959年7月2日。

锦州铁路局干部学校颁发的结业证书，编号第77号。证书上方中间是铁路路徽，边框是红色小星星点缀。证书内容为：学员李国才，26岁在本年第一期司机班学习三个月期满，经考试成绩及格，此证，校长处盖有红色印章，1961年10月31日。

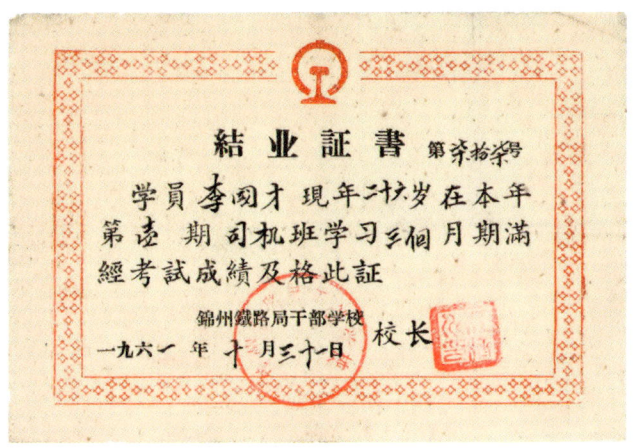

锦州铁路管理局
干部学校证书

新中国第一所铁路技工学校——
中长铁路大连铁路工厂青年技工学校

1899年，沙俄在大连开工兴建东省铁道机车制造所（又称东清铁道机车制造所）。日俄战争结束后，日本于1908年将东清铁道机车制造所移址到沙河口，并易名为满铁沙河口铁道工场。1945年大连地区解放，同年11月大连市政府成立。1946年5月，在中长铁路大连铁路工厂地下党组织的领导下，当时已近50年历史的"满铁沙河口工场技工养成所"更名为"中长铁路大连铁路工厂青年技工学校"，并将建校日定为1946年5月5日。

青年技术学校第一期共招收198名学生，完全是工厂在职青年徒工、勤杂工和工人子弟，其中三分之一是文盲。学制两年，开设了机车、客货车、电焊、模型、钳工、铆工、机器、打铁、制图9个专业工种。学校教学内容由任课教师根据自己的知识和经验，参照一些日本课本、技术书籍、报刊文章等进行自教、自编、自审。

中长铁路大连铁路工厂青年技术学校的成立，标志着新中国第一所铁路技工学校正式诞生，也成为我国技工教育事业发展的起点。

1954年由大连机车车辆技工学校签发的毕业证书则记录了一所重要学校的"前世"。大连机车车辆技工学校的前身为中长铁路大连铁路工厂青年技术学校。该证书中央是"为人民服务"五个大字。学生范学明系山东省乐陵市人，现年21岁，在本校电焊班2年修业期满，成绩及格，准予毕业。

据当年的厂长董良玉介绍："现在学生是三天学文化理论和技术课，三天参加生产实践。"而以半工半读的方式培养有文化知识、经过劳动训练的新工人，正是社会主义建设所需要的人才。

畢業證書

學生范學明係山東商樂陵縣人

現年廿一歲在本校電銲班

二年修業期滿成績

及格准予畢業此證

大連機車車輛技工學校

校長 王文良

一九五四年五月十八日

大连机车车辆技工学校毕业证书

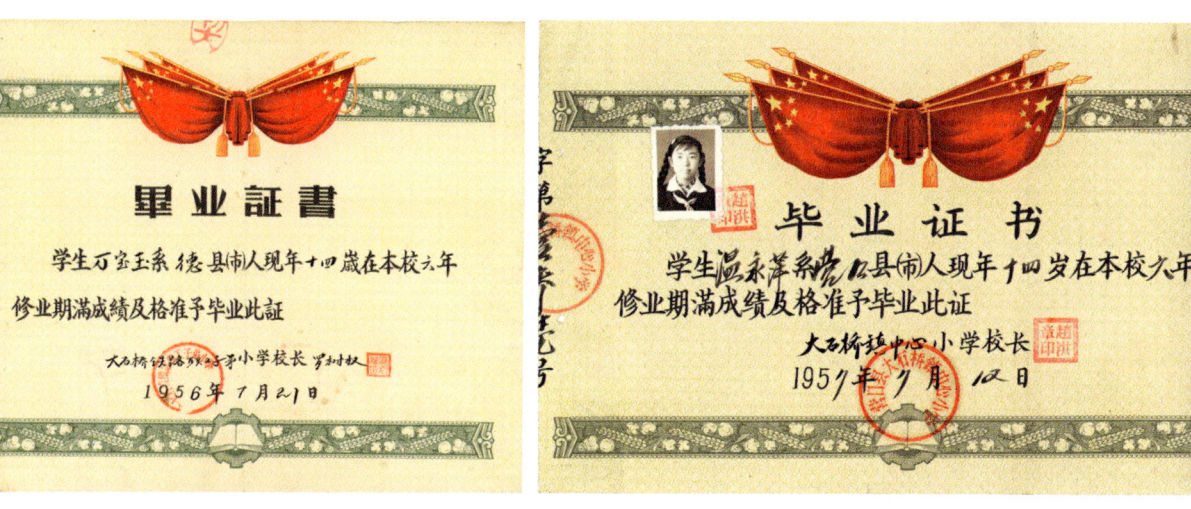

大石桥地区小学毕业证书

大石桥地区小学 大石桥站，位于辽宁省营口市，是中国铁路沈阳局集团有限公司管辖的二等站，建于1900年。1893年，沙俄修筑南满铁路，建大石桥车站。1898年3月27日，沙俄攫取东清铁路（亦称东省铁路、中东铁路）支线（哈尔滨至旅顺口）筑路权后，陆续修建大石桥等地车站，1899年5月6日，大石桥至营口牛家屯铁路竣工。全长21.4公里。1900年7月14日，沙俄军队侵占大石桥。1901年，大石桥至熊岳段开始营业。1902年，大石桥火车站建成。1903年7月14日，大石桥火车站开始使用。

来自大石桥地区的两张小学毕业证源自中华人民共和国成立后，一张是大石桥铁路职工子弟小学1956年颁发的毕业证书，另一张是大石桥镇中心小学1957年颁发的毕业证书，两个学生都是14岁毕业。证书上方中央为六面五星红旗，下方中间为齿轮和书本图案。"毕业证书"四个大字在证书的中间，一个为繁体，另一个为简体。

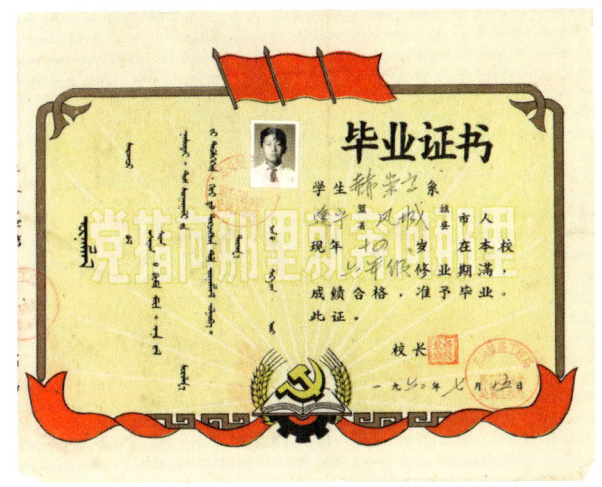
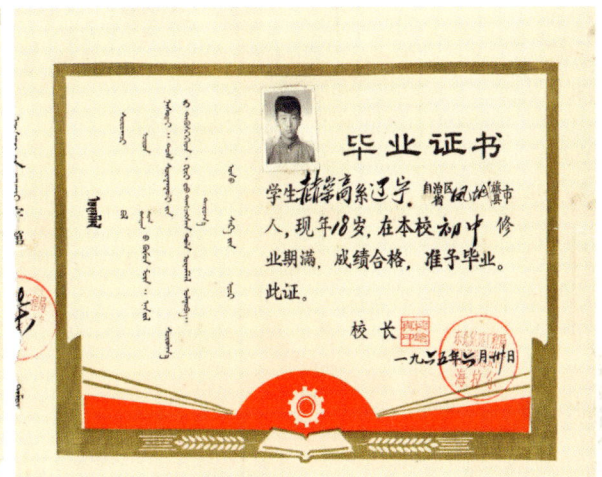

东北铁路工程局职工子弟小学毕业证书　　东北铁路工程局职工子弟初级中学毕业证书

东北铁路工程局职工子弟小学及初级中学　学生赫崇高为辽宁省凤城人，小学、初中分别毕业于东北铁路工程局职工子弟小学和职工子弟初级中学。两张毕业证书内容皆为左侧蒙文、右侧汉字。小学证书背景主调为黄色，并印有"党指向哪里就奔向哪里"字样。证书上方中央是三面红旗，下面是党徽、齿轮散发着光芒。

东北铁路工程局于1961年1月1日成立，前身是1959年1月1日成立的铁道部海拉尔铁路工程局，吴宗鹏任党委书记兼局长。

位于辽宁阜新的海州露天煤矿，于1953年建成投产，是当时亚洲最大的露天煤矿，也是全国第一个现代化、机械化、电气化的露天煤矿。投产后，其当年产量达170万吨，到1956年时，年产煤炭达300万吨。这些煤炭通过火车源源不断地输入各地，有力地支撑了我国早期工业化的建设。

1950年4月1日吉铁技术学校毕业纪念

吉林——从烽火硝烟中走来

今天，当你到了长春，便到了南满铁路的最北方。南满铁路注定是中国历史上非常重要的铁路之一。它原为中东铁路的一部分（长春至大连段），日俄战争后为日本所占。在这个过程中，中国人积极争取路权、学习铁道开发，从而促进了东北地区在20世纪30年代的高速发展。

从历史的烽火硝烟中走来，吉林铁路在中华人民共和国成立后的客车制造方面成为了"领头兵"。1954年，中国最大的客车制造基地——长春客车厂创建。它是国家"一五"期间重点建设的大型国有铁路客车制造企业。自20世纪80年代开始以钢代木，全钢的60吨敞车和22型客车成为中国铁路客货运输的主体车型；70年代开始生产双层客车；90年代中期25型客车投入使用……

制造技术一次又一次的提升，离不开铁路专业教育的推行及专业人才的培养。从遗存至今的毕业证书中，不难看到，铁路学校遍及小学、中学和中专等。而当年这些毕业生的身影，后来都活跃在铁路建设的各行各业中。

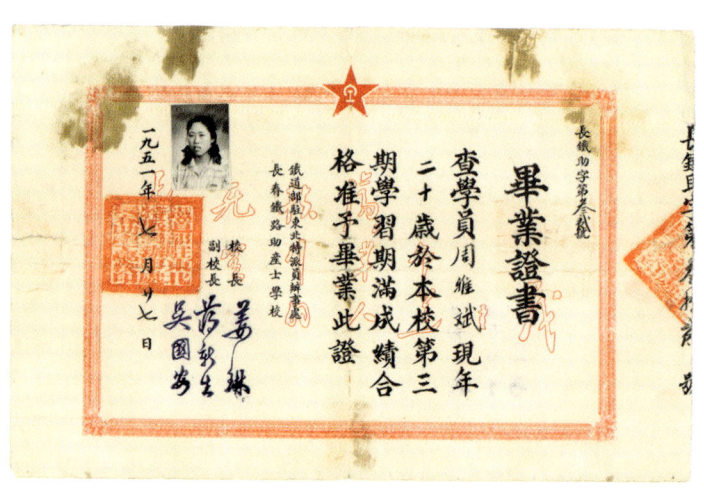

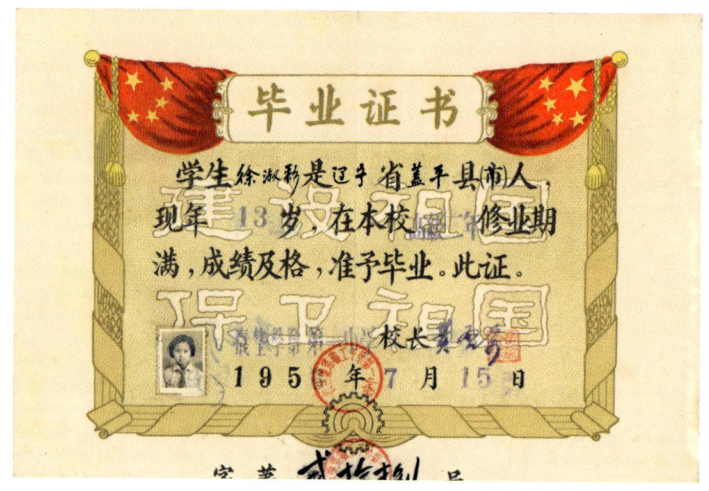

长春铁路助产士学校 1951年,铁道部驻东北特派员办事处长春铁路助产士学校颁发给学员周雅斌一张毕业证书。证书上方中间是红色的五角星衬托着铁路徽标,右侧是骑马缝和骑缝章。证书内容为:查学员周雅斌现年20岁,于本校第三期学习期满,成绩合格,准予毕业,此证,校长姜琳。证书左侧印有学校的红色方章。

吉林铁路职工子弟第一小学 1949年,吉林铁路管理局为解决铁路职工子女就学需要,在吉林市铁安里成立铁路员工子弟小学。1955年8月,由于铁路职工队伍不断扩大,一所学校已经无法满足学生就学,于是吉林铁路管理局决定,将吉林铁路小学分成三个,成立吉林铁路员工子弟二小和三小,原吉林铁小改为一小。

吉林铁路职工子弟第一小学颁发的毕业证书,上端印有"毕业证书"四个大字,十分醒目,两侧是鲜艳的五星红旗。证书边框由黄色麦穗、丝带组成,下方中间为齿轮,底纹印有"建设祖国 保卫祖国"八个大字,下方是骑马线和骑缝章。证书内容为:学生徐淑影是辽宁省蓝平县人,现年13岁,在本校高级二年修业期满,成绩及格,准予毕业。此证。1956年7月15日,字第28号。

长春铁路助产士学校毕业证书
吉林铁路职工子弟第一小学毕业证书

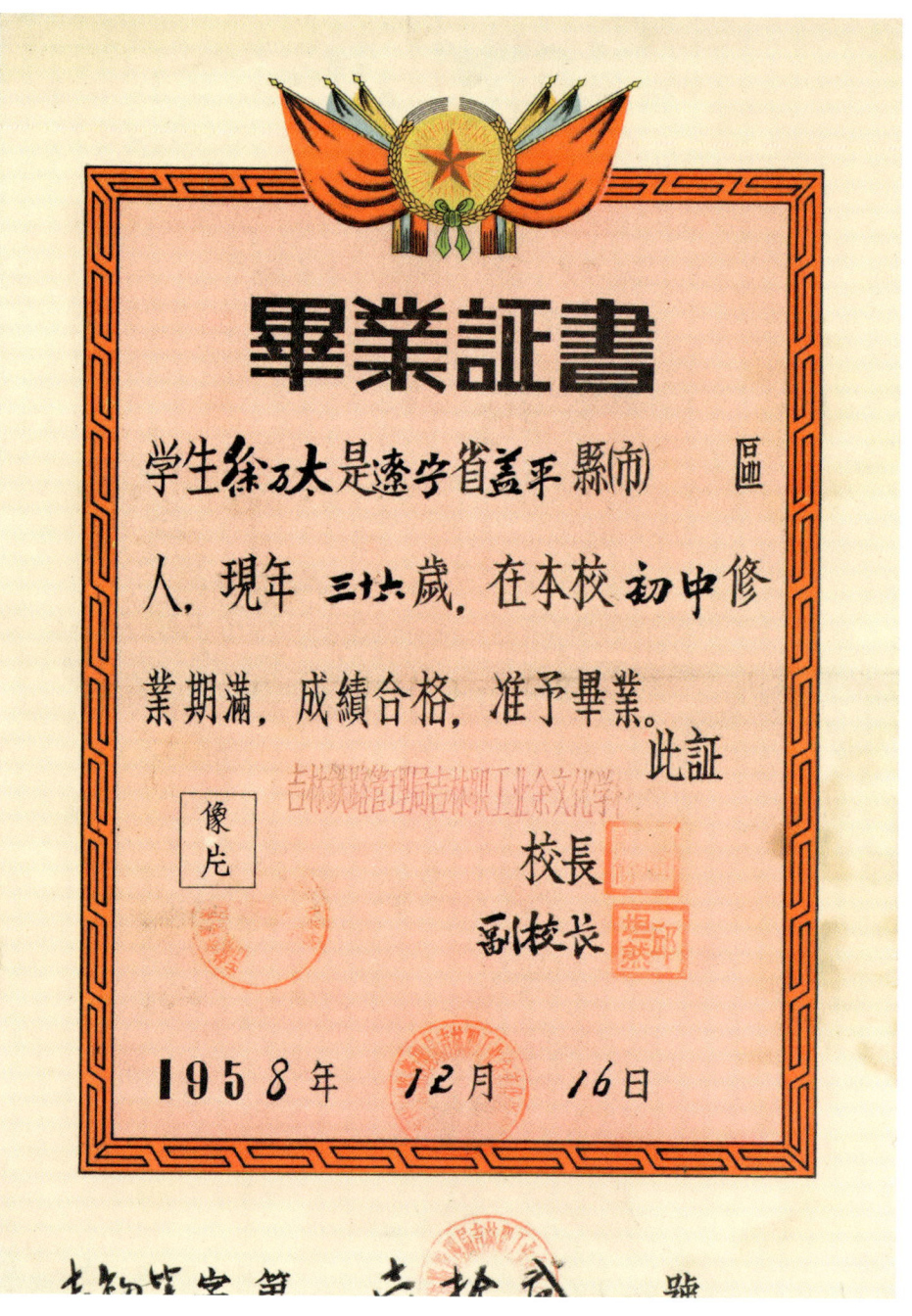

吉林铁路管理局吉林职工业余文化学校毕业证书

吉林铁路管理局吉林职工业余文化学校 该学校颁发的毕业证书为红色线条边框,上方中间是六面红、蓝、黄色旗帜,簇拥在镶嵌着麦穗的五角星两侧。证书为粉红色背景,四个繁体隶书字"毕业证书"惹人眼目。证书内容为固定格式,学生信息为毛笔填写,学生徐万太是辽宁省盖平县人,36岁在本校初中修业期满,成绩合格,准予毕业,并盖有校长、副校长红色印章,时间是1958年12月16日,编号为字第12号。

吉林铁路运输经济学校 1958年吉林铁路运输经济学校颁发的毕业证书显示,学生曹景林从1955年入学,学习铁道会计专业。吉林铁路运输经济学校源于1948年10月吉林铁路管理局成立的吉林铁路职工学校。1950年2月,更名为吉林铁路局技术学校。1953年2月,更名为吉林铁路学校、吉林铁路管理局职工学校。1955年9月,更名为铁道部吉林铁路运输经济学校。后经多次改革易名,至1987年2月更名为吉林铁路经济学校。至2001年,经沈阳铁路局批准,吉林铁路经济学校与吉林铁路运输职工大学合并,校名为吉林铁路经济学校。

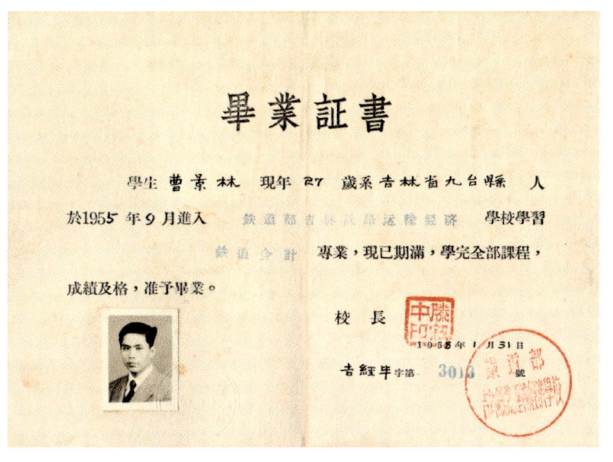

吉林铁路运输经济学校毕业证书

令人憧憬怀念的故乡
斗沟子站

黑龙江省牡丹江市斗沟子站

黑龙江——松花江畔几多风云

哈尔滨,无疑是黑龙江的核心枢纽。这是一个因修铁路而形成的近代城市。说起它的铁路历史,就不得不提"中东铁路"。甲午战争后,沙皇俄国迫使清廷签订《中俄密约》,取得了在中国东北的筑路权,开始修建中东铁路。这条铁路以哈尔滨为中心,形成一个纵横东北的"丁"字形铁路。

抗日战争胜利后,中东铁路全线合称中国长春铁路,简称中长铁路。1952年12月31日,中国长春铁路移交仪式在哈尔滨举行。从此,这条历经沧桑的铁路回到了祖国的怀抱。随后,作为东北要冲,哈尔滨铁路枢纽工程一干就是半个世纪。

事实上,作为最早获得解放的铁路局,哈尔滨铁路素有"人民铁路摇篮"之称。当年的哈尔滨铁路管理局、齐齐哈尔铁路管理局等,纷纷建立铁路学校,培育各类专业人才,派出大批骨干力量,捐助大量运输设备,大力支援了全国的铁路建设。

哈尔滨铁路的历史是黑龙江铁路历史的一个缩影,既是中国铁路发展史的代表,也见证了哈尔滨的城市发展。

解放区成立的最早的高等学校——东北铁路学院 东北铁路学院的前身是 1935 年伪满时期创建的哈尔滨铁路学院，1946 年改建为铁路职工学校，1947 年升为东北铁路学院。1950 年更名为哈尔滨铁道学院，1953 年哈尔滨铁道学院撤销，并入北京铁道学院。

东北铁路学院于 1950 年 5 月 16 日颁发的毕业证书，内容为：潘海瀛在本院第四期管理系第 14 班学习期满，考试成绩及格，准予毕业。署名有院长、教育长、副教育长的名字，并印有"东北铁路学院之印"。时任校长为吕正操。他是无产阶级革命家、军事家，也是我国铁路交通战线杰出的领导者。

哈尔滨铁路工厂技术训练班 该培训班是哈尔滨车辆工厂技工学校开办的短期培训班。1948 年 4 月 1 日，哈尔滨车辆工厂技工学校创办。初办时设机械、电气、铸造、车辆四个专业，学制二年，第一期招生 187 人。1950 年 2 月 27 日，毛泽东同志和周恩来总理视察哈尔滨车辆工厂时赞扬"工厂办技校培养技术工人是一个好办法"。

哈尔滨铁路工厂技术训练班便是工厂办技校的一个典型。其颁发的"技术员训练"毕业证书，四角印有铁路路徽，上方正中是两面五星红旗围绕在路徽两侧。证书内容显示，1950 年 7 月 7 日，苏君国在本厂技术员训练班第一期学习期满，考试成绩及格，准予毕业，并印有"哈尔滨铁路工程"字样的红色印章。

东北铁路学院毕业证书
哈尔滨铁路工厂技术训练班毕业证书

中央人民政府铁道部哈尔滨卫生学校 哈尔滨卫生学校坐落于风景秀丽的松花江畔，与中外闻名的兆麟公园毗邻。该学校建于1945年，是目前黑龙江省建校最早的卫生职业学校，隶属于哈尔滨市教育局，属于省级重点中专，为准公益事业单位，是全日制中等卫生专业学校。

中央人民政府铁道部哈尔滨卫生学校的毕业证书也别具一格。其正上方为金色麦穗簇拥下的四面五星红旗，中间绘黑色齿轮和铁路路徽，左侧是骑马线和骑缝章。证书内容显示，学生徐克玲为湖北汉阳人，19岁在本校护士班第二期学习二年期满，成绩及格，准予毕业，时间是1953年12月，并盖有"中央人民政府铁道部哈尔滨卫生学校"的红色印章。

另有两张为1955年颁发的哈尔滨卫生学校的毕业证书。证书内容介绍了毕业学生的基本信息，并署有校长石新恩的签名。左侧贴有毕业学生照片，还盖有中央人民政府铁道部哈尔滨卫生学校之印。证书底纹均为"为人民服务"五个大字。

哈尔滨铁道学院 哈尔滨铁道学院即现在的哈尔滨铁道职业技术学院的简称，是中华人民共和国较早建立的院校之一。其始建于1959年，前身为哈尔滨铁路工程学校。1989年，哈尔滨工程职工大学并入，遂发展为国家级重点中专。2002年晋升为高职学院。如今，该学院隶属于中国铁路工程总公司，由黑龙江省教育厅与中铁三局集团公司共建，是中国铁路工程总公司所属的唯一一所高职院校。

哈尔滨铁道学院的修业证书为米黄色的背景，中间是白色的铁路徽标。证书内容显示，19岁的崔景龙于1960年4月入本院预科学习，现已学习期满，成绩及格。

中央人民政府铁道部哈尔滨
卫生学校毕业证书
哈尔滨铁道学院修业证书

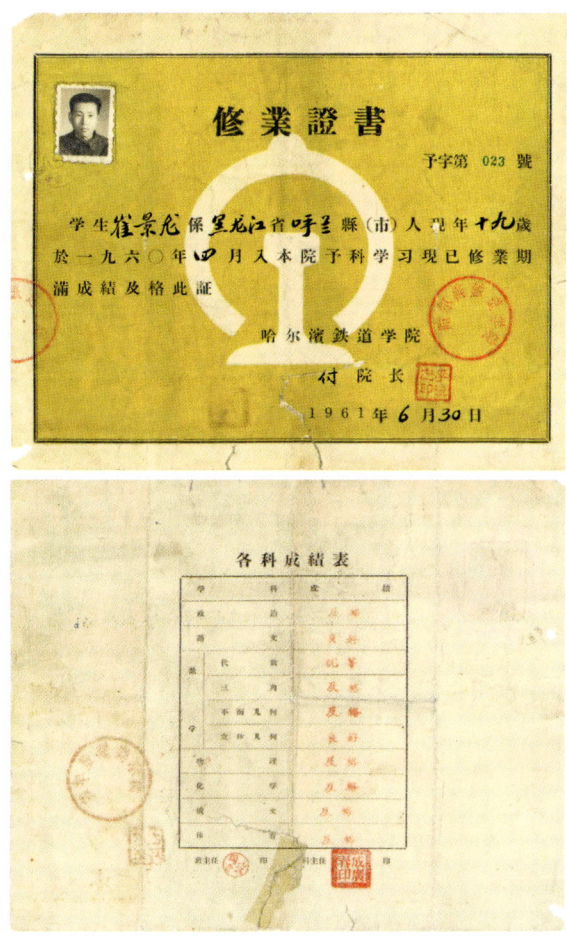

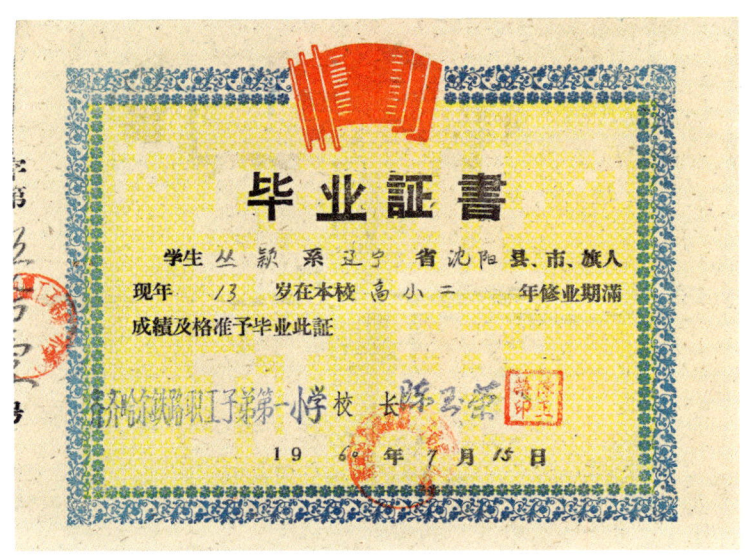

齐齐哈尔铁路职工子弟第一小学修业证书

齐齐哈尔铁路管理局职工学校毕业证书

齐齐哈尔铁路职工子弟第一小学 该学校毕业证书上方中间是三面红旗，米黄色的背景中有"毕业证书"四个大字。学生丛颖，为辽宁省沈阳市人，13岁在本校高小二年修业期满、成绩及格，准予毕业，校长陈玉荣，1960年7月15日。1950年3月，齐齐哈尔铁路局将齐齐哈尔铁路员工子弟第一初级完全小学改为齐齐哈尔铁路职工子弟第一小学，徐国云任校长。

齐齐哈尔铁路工程学校 关于这所学校的历史，还要追溯至20世纪30年代。1935年7月8日，洮昂铁路局移驻齐齐哈尔，并改称齐齐哈尔铁路局。1947年1月更名为齐齐哈尔铁路管理局，局长黄铎、副局长郭维城。1946年3月，在郑家屯成立西满铁路管理局职工学校。同年4月24日，齐齐哈尔解放，学校由郑家屯迁往齐齐哈尔，1947年1月更名为齐齐哈尔铁路管理局职工学校。中华人民共和国成立后，1950年3月改名为齐齐哈尔铁路管理局技术学校，这次更名标志着学校由短期政治培训向短期技术培训转变。

1952年10月，齐齐哈尔铁路管理局技术学校分为两校：一部分教工和在职入学学员留在原校，并更名为齐齐哈尔铁路管理局职工学校；另一部分教工和非在职学生迁入新校舍，校名仍为齐齐哈尔铁路管理局技术学校。直到1953年3月，铁道部对全路各中等专业学校进行科组调整后，确定这所学校为培养铁道工程中级技术人才的学校，明确了专业和学制，并按照省、部指示定名为齐齐哈尔铁路学校。1955年1月，按铁道部指示，学校改名为齐齐哈尔铁路工程学校。1958年至1961年曾升格为齐齐哈尔铁道学院。

由齐齐哈尔铁路管理局职工学校颁发的毕业证书内容显示：学员刘振钧在本校电务技术员班四个半月间学习期满，各科成绩及格准予毕业，特发给证书为凭。时间是1957年10月10日。

1959年9月15日新建北京站落成典礼。北京站是全国铁路客运的重要枢纽,京包、京沪、京哈等几大干线把中国辽阔的疆域与首都联结成紧密的整体。

北京——中国铁路的策源地

天津——沟通南北交通要道

河北——东方也有个康奈尔

山西——三晋大地重任在肩

内蒙古——驼铃声声步履不停

华北创造了多个第一

这里有中国铁路的策源地——北京，中国首条自行设计和建造的干线铁路——京张铁路就在此落成；这里有百年老站——天津北站，关内外铁路与津浦铁路在此交会，让天津成为沟通南北的交通要道……在华北地区，铁路在清末已初步形成网络。

中华人民共和国成立后，华北地区的铁路建设迎来第一个高峰。以北京为例，1955年建成的丰沙铁路成为继京包铁路之外从北京去往冀西北重镇沙城、张家口的第二条通道，也是作为晋煤外运的主要通道而修建的；1957年10月武汉长江大桥建成，从此京汉、粤汉铁路连通，后被命名为京广铁路；1959年开通的京承铁路，又成为北京通往东北地区的第二条铁路通道。

20世纪五六十年代，包含北京、天津、河北、山西、内蒙古在内的华北地区也诞生了众多铁路专业院校。它们因铁路而生，为铁路建设培养了一批又一批栋梁之材。不断输送的新鲜血液，成为铁路建设高峰中不可磨灭的一分子。

青龍橋車站西上下火車同時開行由南望景

五桂頭山峒北口膋橋適過火車景

1909年，由詹天佑设计并主持修建的京张铁路落成。这是中国首条自行设计和建造的干线铁路。

北京——中国铁路的策源地

1909年，中国首条自行设计和建造的干线铁路——京张铁路就在这里落成，它的设计者和主持修建者便是有"中国铁路之父"美誉的詹天佑。可以说，北京是中国铁路的策源地，也是最先引入三条对外铁路干线构成枢纽的城市。

从清光绪二十二年（1896）到宣统元年（1909）的13年间，京山、京汉、京包铁路分别从天津、保定、张家口修进了北京，其货车均汇集于丰台站，自此构成北京铁路枢纽的初始形态，持续了数十年之久。

中华人民共和国成立后，拆除环城铁路、新增对外干线、修建北京客站……成为北京铁路枢纽规划方案的主要内容；丰沙线、京承线、京原线、通古线、京通线、京九线等陆续建成。北京，成为沟通东北、西北和中南地区规模最大的环形枢纽。

而在这一过程中，中华全国铁路总工会、北京铁道学院、铁道部干部学校等专业机构、院校，持续不断地为中国的铁路建设输送了大批优秀人才。

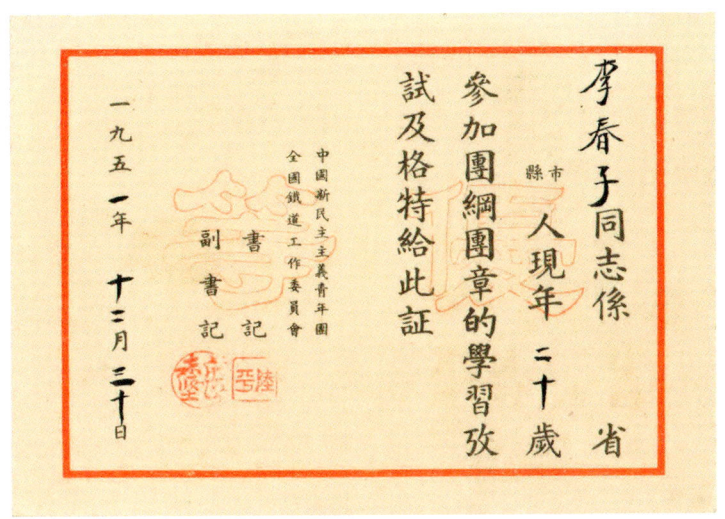

中国新民主主义青年团全国铁道工作委员会学习证书

中国新民主主义青年团全国铁道工作委员会 提及这个委员会，先要说说中国新民主主义青年团，其前身是1920年成立的中国社会主义青年团。1920年8月，上海首先发起组织中国社会主义青年团。北京、广州、长沙等地区相继成立。1921年7月，中国共产党正式成立。在中国共产党的指导、帮助和关怀下，从1921年11月到1922年5月，全国有17个城市建立了地方青年团组织，团员总数达5000多人。

1922年5月5日，中国社会主义青年团第一次全国代表大会在广州市东园隆重开幕。会议完成了青年团的创建工作，通过了团的《纲领》和《章程》，并且一致决议中国社会主义青年团加入青年共产国际。至此，中国的青年团组织实现了思想上、组织上的完全统一，中国青年运动

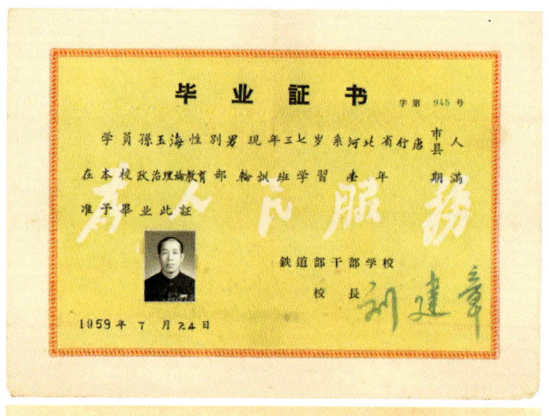

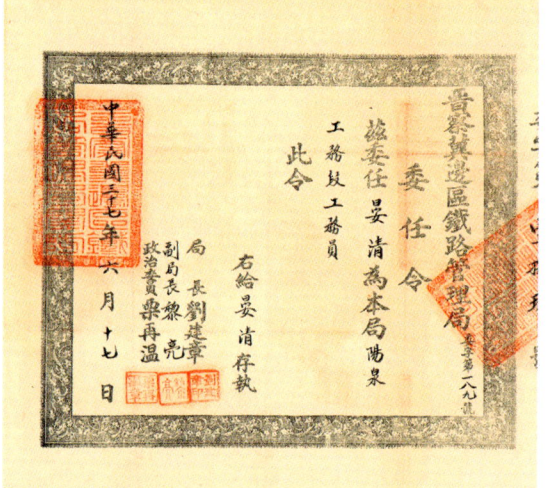

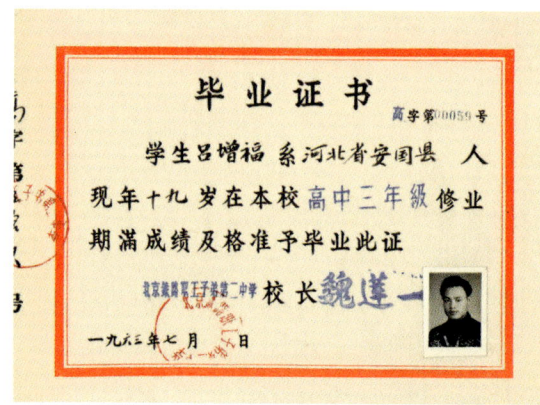

铁道部干部学校毕业证书及
刘建章签署的委任状
北京铁路职工子弟第二中学
毕业证书

从此有了自己的核心。

1925年，中国社会主义青年团第三次全国代表大会决定将中国社会主义青年团改名为中国共产主义青年团。到了1949年，当年1月1日颁布了《关于建立中国新民主主义青年团的决议》。同年2月18日，中共中央正式成立中国新民主主义青年团筹备委员会。1949年4月11日，中国新民主主义青年团第一次全国代表大会在北平召开，中国新民主主义青年团正式成立。1957年，中国新民主主义青年团改名为中国共产主义青年团。本书所展示的一张1951年中国新民主主义青年团全国铁道工作委员会颁发的学习证书，即为这一段历史的见证。

铁道部干部学校 铁道部干部学校颁发的毕业证书，编号是945号。学员孙玉海在学校政治理论教育部学习，并于1959年7月24日毕业，时任校长为刘建章。

刘建章（1910年至2008年），曾任石家庄铁路局局长、华北交通部副部长、华北军运司令员、北平市军管会交通部部长、天津铁路局副局长等。中华人民共和国成立后，其历任郑州铁路局局长、铁道部车务局（运输局）局长、工程总局局长、铁道部副部长兼政治部主任。刘建章可以说是第一位铁道系统内部升迁的部长。

"减负"风潮引发学制改革——北京铁路职工子弟第二中学 该中学颁发的毕业证书编号为高字第00059号，右下角贴有学生吕增福的照片，并加盖学校钢印。学生吕增福为河北省安国县人，19岁在本校高中三年级修业期满，成绩及格，准予毕业，校长魏莲一，1963年7月。

魏莲一于1955年受命筹建北京铁路二中，并自此出任该校校长11年。在艰苦的条件下，他把学校办出了水平，培养了大批栋梁英才。1964年，魏莲一就曾针对学生课业负担过重的问题上书。此举不仅当时在中国教育界引起了巨大的震动，而且对今天的中国教育仍有着很大影响。

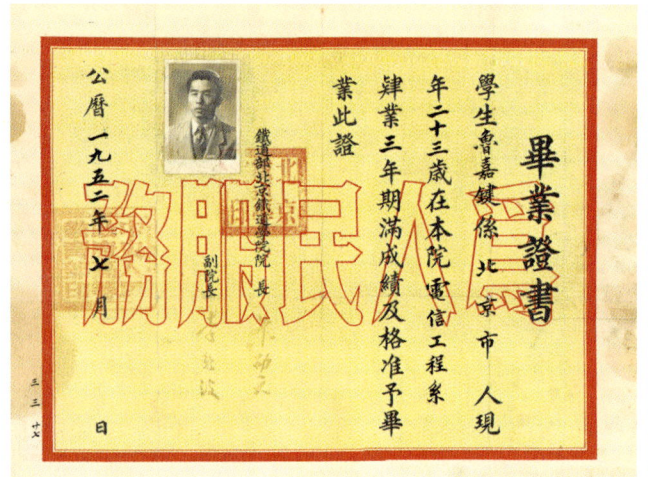
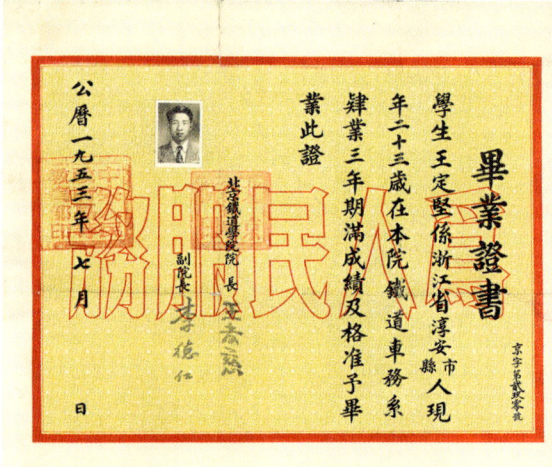

北京铁道学院 五张北京铁道学院在不同时期颁发的毕业证书,讲述了不同时期学院发展的历史。证书底纹均为"为人民服务"五个大字。这五张毕业证书分别颁发给:1952年从电信工程系肄业的学生鲁嘉键、1953年从铁道车务系肄业的学生王定坚和叶人骏、1954年从商务专修科肄业的学生陈家义、1955年从电信专修科肄业的学生韩凤桐。

1949年,北平和平解放,中国人民解放军进驻北平;同年7月,中国人民革命军事委员会铁道部下令国立北平铁道管理学院、华北交通学院与唐山工学院组建为中国交通大学。毛泽东同志任命桥梁专家茅以升为校长,中国交通运输学科的奠基人、铁道运输专家金士宣为副校长。学

 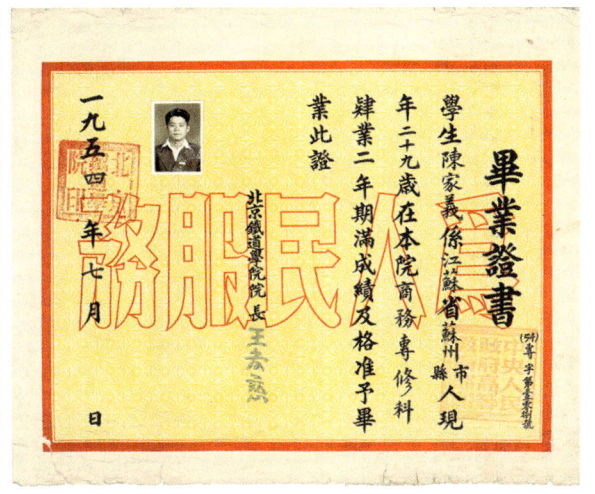

北京铁道学院毕业证书

校校部设在北京,另设唐山学校,增设铁道电信系。

茅以升是著名的土木工程学家、桥梁专家、工程教育家,中国科学院院士、美国工程院院士、中央研究院院士。1911年考入交通部唐山工业专门学校(西南交大前身)土木工程系。他先后四度出任母校校长,尤其是在抗日战争时期执掌母校的4年间,倾其所有力挽学校于既倒,使交大得以历经十余次辗转数千公里而重回唐山。其对母校的热忱无以言表,而茅以升的教学睿思更是我们的宝贵财富。

金士宣是著名的铁路运输专家、铁路运输教育家、中国铁路运输学科的首创者和奠基人,他构建了我国运输管理学科的完整体系。1949年7月至1952年7月,出任北

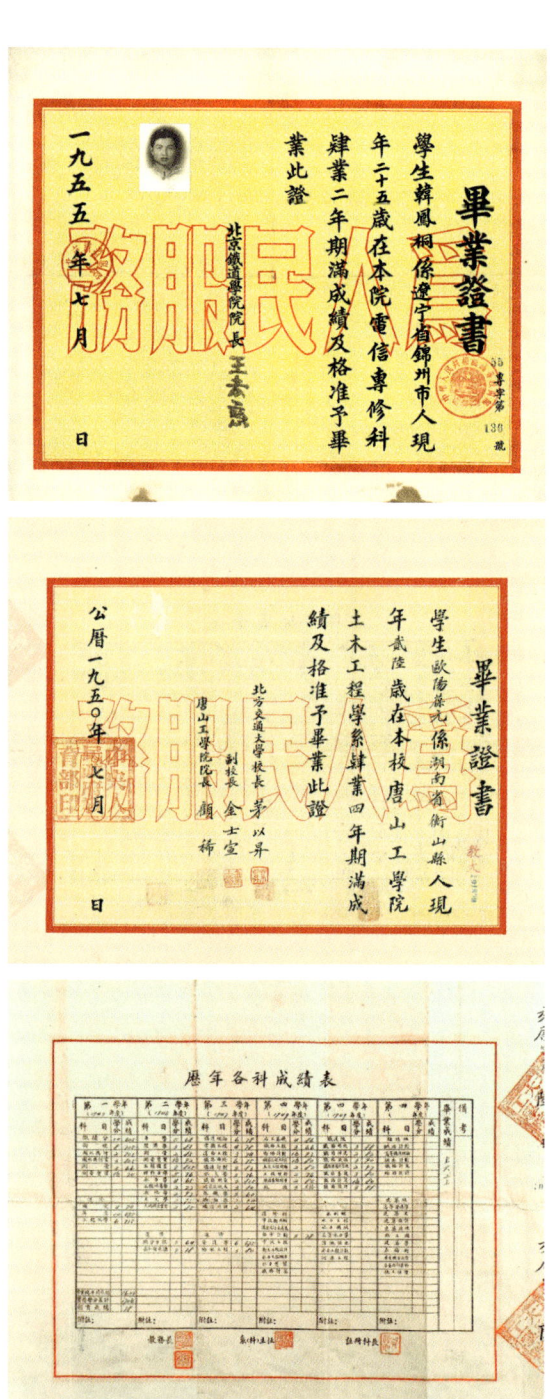

北京铁道学院
毕业证书

方交通大学副校长、教授。

1950年8月,中央人民政府政务院令中国交通大学更名为北方交通大学。1951年,毛泽东同志为北方交通大学亲笔题写校名,原帖至今保存在北京交通大学校史馆内。上海交通大学、西安交通大学校名中的"交通大学"四字都是从该校原帖取得。同年8月,学校由府右街旧址迁往西直门外上园村现址,并增设铁道商务系。1952年,北方交通大学撤销,京唐两院独立,学校改称北京铁道学院,直属中央人民政府铁道部领导。1953年,铁道部决定哈尔滨铁道学院与北京铁道学院合并。

1949年北京解放,北京车务部分职工合影留念。

塘沽南站旧址

天津——沟通南北交通要道

　　四通八达的铁路网，让天津成为中国北方的开放门户。这里有中国现存最早的车站——塘沽南站。开滦矿务局的煤炭、启新洋灰公司的水泥、久大精盐厂、永利碱厂的产品，都从这里运往华中、华南地区；这里有百年老站——天津北站，关内外铁路与津浦铁路在此交会，让天津成为沟通南北的交通要道。

　　这里还有留下了积淀深厚的天津铁路机务段，孕育了中国第一台机车发电机、第一台内燃机车调速器、第一套高速动车弹簧的"津浦大厂"……来往不断的铁路运输，让天津也有了自己的铁路学校、技术人才、铁路工人……

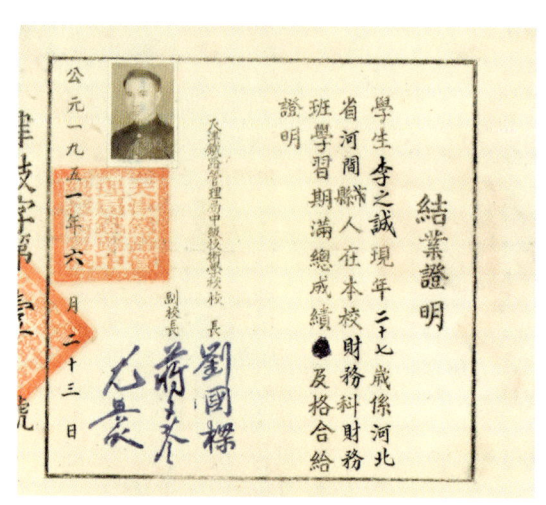

天津铁路管理局中级技术学校结业证明
天津铁路学校毕业证书
天津铁路职工子弟第二小学毕业证书

天津铁路管理局中级技术学校、天津铁路学校 1951年，天津铁路管理局中级技术学校颁发给学生李之诚一张结业证明。证书左上方贴有学生照片，并盖有学校钢印。证书内容为：学生李之诚，27岁，系河北省河间县人，在本校财务科财务班学习期满，成绩及格，准予毕业，此证，校长刘国梁。

天津铁路学校毕业证书正上方为红色五角星和奔驰的蒸汽火车图案，两侧是两面五星红旗，边框是由钢轨的截面组合而成，四角镶嵌铁路的路徽。证书底纹印有"为人民服务"和铁路路徽。学生牛传铜，18岁，河南省开封市人，在本校大型建筑科第三班学习期满，成绩及格，准予毕业，校长刘国梁，1955年8月3日。

由上述两张毕业证书可知，校长为同一人——刘国梁，这是一位不得不提及的铁路战线人物。刘国梁于1910年7月出生，为陕西省清涧县人。1928年7月加入中国共产主义青年团，1929年2月加入中国共产党，1931年参加革命工作。中华人民共和国成立后，曾任天津铁路管理局局长、党委书记，北京铁路管理局党委书记、政治部主任，甘肃省经济委员会副主任、甘肃省总工会主席等。

天津铁路职工子弟第二小学 1950年2月，铁道部教育局指示，各扶轮中、小学一律更名为铁路职工子弟中、小学。天津铁路职工子弟第二小学即为其中之一。由其颁发的毕业证书为黑色外边框，上部中间为半个齿轮，宛如一座拱桥，两侧各有四棵麦穗，一颗鲜艳的五角星在两侧四面五星红旗的保驾护航下冉冉升起。

学生关常志，15岁，在本校高级修业期满，成绩及格，准予毕业，校长马香理，1954年7月。在学校及日期上分别盖有"天津铁路职工子弟第二小学"和"天津市第四区人民政府"的红色方印。

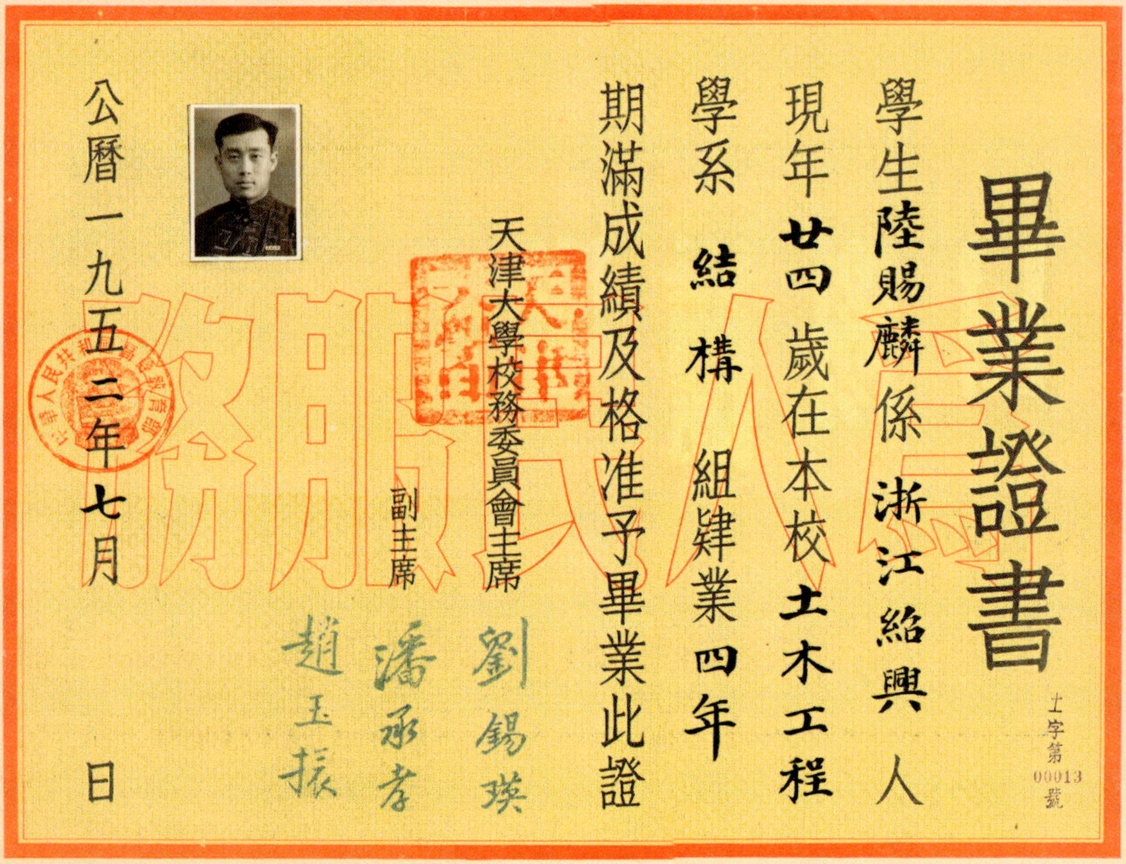

畢業證書

學生陸賜麟係浙江紹興人現年廿四歲在本校土木工程學系結構組肄業四年期滿成績及格准予畢業此證

天津大學校務委員會主席 劉錫瑛
副主席 潘承孝
趙玉振

公曆一九五二年七月 日

土字第00013號

预应力钢结构的先行者和开拓者——
陆赐麟天津大学毕业证书

这里走出了预应力钢结构的先行者和开拓者 这份毕业证书可是相当了不得！不管是学生还是学校，都是鼎鼎有名。这是陆赐麟1952年在天津大学的毕业证书。

陆赐麟是谁？他是预应力钢结构的先行者和开拓者。而预应力钢结构技术在铁路建设中得到了广泛应用。1952年，陆赐麟毕业于天津大学（原北洋大学）后，被保送入清华大学攻读硕士学位，后在清华大学钢木结构教研室任教。1956年被国家派遣到苏联深造，1960年毕业于莫斯科建筑工程学院研究生部（现莫斯科国立建筑大学研究生院）。

自20世纪60年代留学回国后，陆赐麟一直致力于预应力钢结构的科研与教学工作，在国内外发表科技论文近百篇，为我国预应力钢结构领域的教学、科研、科普、标准制定、设计应用、工程实践等方面都做出了重大贡献，获得"30年钢结构领军人物"称号、"终身成就奖"等多项荣誉。

陆赐麟曾就读的天津大学历史十分厚重。其原名北洋大学，前身是1895年由光绪皇帝批准、盛宣怀出任学堂首任督办的"天津北洋西学学堂"，是中国的第一所新式大学。

北洋大学堂自创办之始，就仿照美国的大学模式，全面系统地学习西学。该校为我国近现代科技教育事业培养了一大批奠基的专家学者，比如中共早期领导人张太雷、我国著名经济学家马寅初、"五四"运动天津各界联合会副会长马千里、海牙国际法院大法官徐谟、著名诗人徐志摩，以及这张证书的获得者陆赐麟等。值得一提的是，北洋大学对采矿、冶金、土木、铁路交通等事业的发展做出了开创性的贡献。1951年，北洋大学与河北工学院合并后更名为"天津大学"。其所设置的土木工程专业又与铁路建设有着紧密的联系。

河北——东方也有个康奈尔

1881年,中国自建第一条标准铁路——唐胥铁路在唐山建成通车,由此确定了中国自己的铁路标准铁轨;而中国制造的第一辆蒸汽机车——龙号机车也在此诞生。

更重要的是,河北中心城市——石家庄,就是一座因铁路而兴的城市。百余年前,它成了京汉和正太两条铁路的交会点。伴随着刺耳的汽笛和隆隆的车轮声,精良的煤铁得以源源不断地运出山西,再辗转由石家庄运往全国各地。

还令人骄傲的是,这里的铁路专业教育首屈一指,尤以唐山交通大学扬名海内外,素有"东方康奈尔"之美誉。中国最早培养的土木工程学科专门人才便是从这里走出去的。

河北中心城市——石家庄，就是一座因铁路而兴的城市。

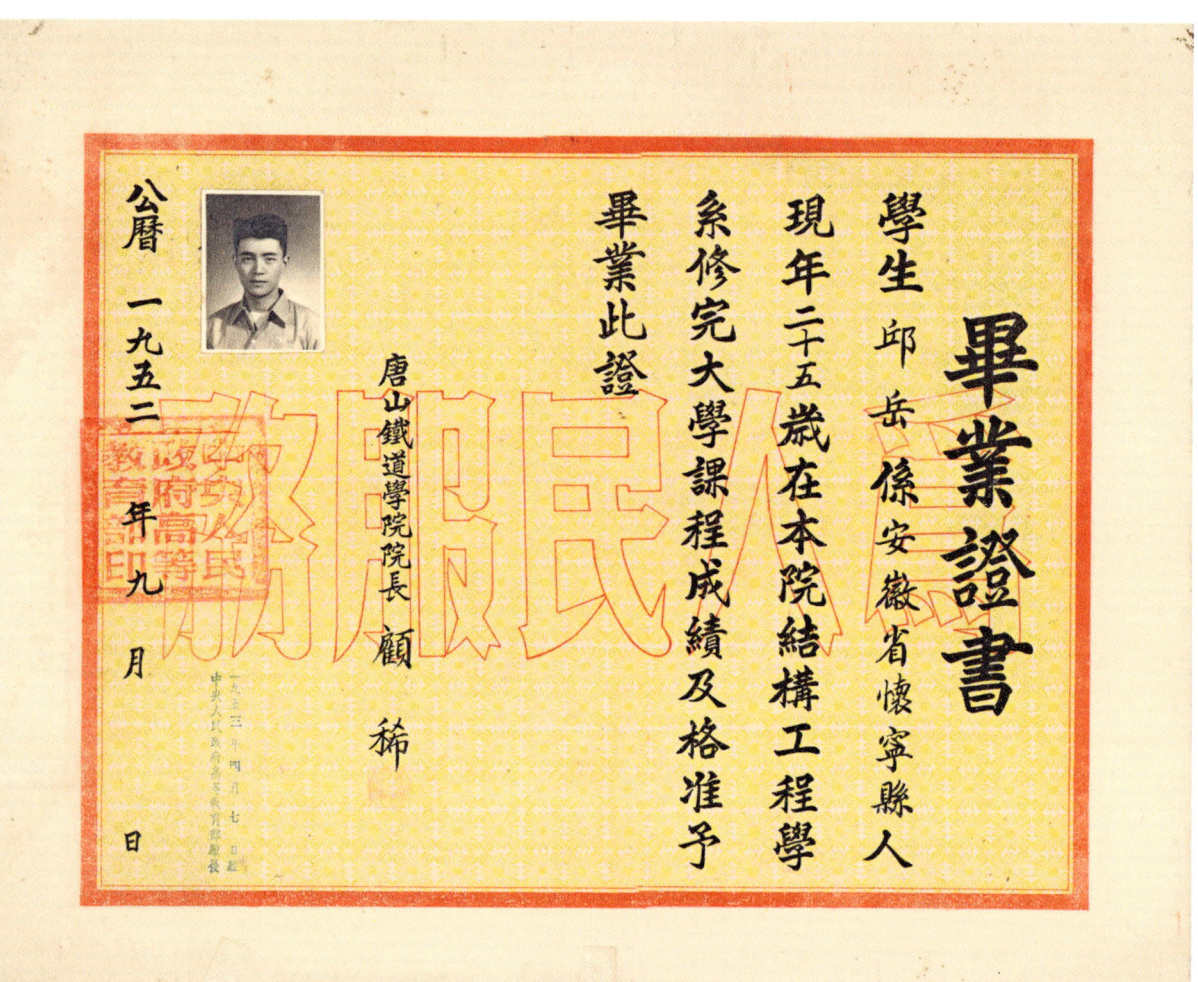

"东方康奈尔"——唐山铁道学院毕业证书

"东方康奈尔"——唐山铁道学院

唐山铁道学院肇始于1896年的山海关北洋铁路官学堂，此后屡迁校址、数度更名，而以唐山交通大学扬名海内外，素有"东方康奈尔"之美誉，尤以土木、矿冶两学科独树一帜。1896年，北洋大臣王文韶在山海关成立的北洋铁路学堂，是中国第一所铁路学堂，与同年诞生于上海的南洋公学和稍早一些创立的北洋大学堂同为中国人创办的中国最早的大学，开创了中国高等教育史的新篇章。学堂创立伊始，大量采用欧美大学原版教材，重金聘用英籍教师，以口授、笔记为主要教学形式。1900年，学堂第一届学生（17名）毕业。第一届招生37名，仅有17名毕业，唐山交大要求之严可见一斑，治学严谨的传统大概也可以追溯到那个时候。该届毕业生是中国最早培养的土木工程学科专门人才。

唐山铁道学院于1952年颁发的毕业证书为红色边框、黄色斑点花纹背景，中间印有"为人民服务"五个大字。证书内容为：学生邱岳系安徽省怀宁县人，现年25岁，在本院结构工程学系修完大学课程，成绩及格，准予毕业，此证，唐山铁道学院院长顾稀。

顾稀原名顾乾熙，上海市崇明县人。1938年9月参加革命工作，1938年12月加入中国共产党。1952年任唐山铁道学院（现西南交通大学）院长，1954年5月并任党委书记。顾稀是新中国铁路高等院校的奠基人和开拓者之一，目前唯一在世的中华人民共和国成立初期由毛泽东同志亲笔签署任命的全国重点大学校长。他领导的各院校培养了数以万计的优秀人才，功绩卓著，有口皆碑，深受人们的尊敬和爱戴。

保定铁路职工子弟小学 该学校毕业证书内容为：学生张京瑞系河北安新人，13 岁在本校高级修业期满，成绩及格，准予毕业，1952 年 7 月 10 日。证书右侧加盖保定市人民政府印。

唐山工学院 唐山工学院现为西南交通大学，前身是 1896 年北洋官铁路局创办的山海关北洋铁路官学堂。1905 年，改名为唐山铁路学堂。1912 年，中华民国成立，学堂归交通部直辖，学校更名为交通部唐山铁路学校。1913 年，学校奉教育部、交通部令，更名为唐山工业专门学校。1921 年，北洋政府交通部组建交通大学，下设北京、唐山、上海三个学校，更名为交通大学唐山学校。1922 年，交通部改组交通大学，下设唐山大学和南洋大学，学校更名为交通部唐山大学。1928 年 2 月，北洋政府交通部指令唐山大学改名唐山交通大学。同年 11 月，交通大学移归铁道部后，学校更名为交通大学唐山工程学院。

1937 年 11 月，学校迁湖南湘潭，后又转往桂林、贵州。1946 年迁返唐山，改名国立唐山工学院，校长顾宜孙。设土木工程、建筑工程、采矿工程、冶金工程 4 个系及矿冶专修班。1949 年 8 月与国立北平铁道管理学院、华北交通学院合并，改名中国交通大学，分设工学院于唐山。1949 年增设机械、电机、化工 3 个系，并开办机车、车辆、电信、号志、线路、桥梁 6 个两年制专修科。毕业生中有竺可桢、茅以升、严恺等。1950 年改北方交通大学唐山工学院。

唐山工学院颁发的毕业证书呈长方形，竖版固定格式印制。红色的外边框映衬整齐有序的黄色放射状的规则小图案，显得整个证书色彩鲜艳。证书底纹为"为人民服务"红色大字。除固定的内容之外，其余均为手书填写，并盖有东北人民大学和东北人民教育部的方形朱红印章。

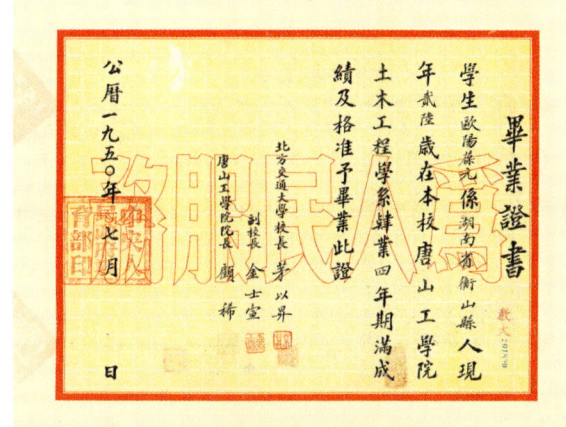

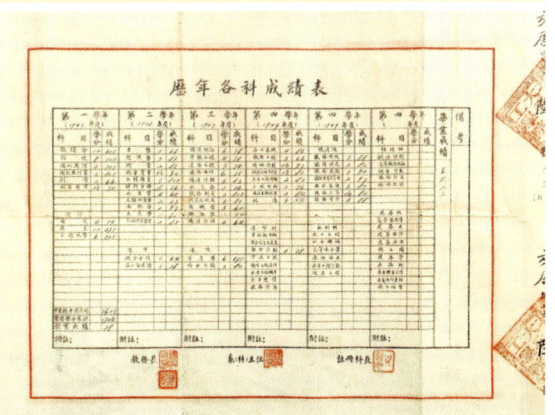

保定铁路职工子弟小学毕业证书

唐山工学院毕业证书

山西——三晋大地重任在肩

山西第一条铁路——石太铁路于1907年建成通车，从此，三晋大地驶入第一列代表工业文明的火车，拉开了运输革命的序幕。漫漫百年间，这条铁路从窄轨到准轨，从单线到复线，从蒸汽到电力，见证了中国铁路的沧桑巨变。

众所周知，山西是煤炭资源大省，中华人民共和国成立后，为了让煤炭源源不断地输送至各地，兴修铁路重任在肩。除了沟通省内外物流的重要运输线——石太铁路，中国境内首条重载铁路兼煤运通道干线铁路——大秦铁路、中国"西煤东运"的第二大通道——神黄铁路、晋煤外运的主要通道之一——太焦铁路……纷纷建成通车。与此同时，像太原铁路管理局职工学校这样的一批教育机构，带着为百废待兴的新中国培养铁路人才的历史使命，也在太行大地、黄河之滨诞生了。

天津铁路管理局太原中级技术学校 1949年8月20日，在中华人民共和国成立前夕，太原铁路机械学校的前身——太原铁路管理局职工学校创立。

初建的职工学校在一无经验、二缺设备的情况下开始工作。师生们一边参加建校劳动，一边开始上课。校址设在并州西路4号。1951年1月，赵辛培成为学校第一位专任校长兼任党总支书记，学校改名为太原铁路技工学校，开始招收部分社会青年，同时开设的司机养成所设在海子边。（1952年2月，太原司机养成所正式成立，学校养成所186名学生移交该所继续学习。）同年9月，铁道部在机构改组中撤销了太原铁路管理局，学校划归天津铁路管理局领导，并更名为天津铁路管理局太原中级技术学校，设有工务、商务、机务、运输等专业。

1953年1月，根据全国统一部署，铁道部将学校调整为经济类专业学校，更名为太原铁路学校，归属太原铁路管理局管理，设置了会计、统计、材料技术供应三个专业，招收的学员全部为初中毕业生。

天津铁路管理局太原中级技术学校的毕业证书便是这段历史的见证史料。该证书在学校名称处盖有学校公章，正上方为红色五角星和奔驰的蒸汽火车图案，两侧是两面五星红旗，边框是由钢轨的截面组合而成，四角镶嵌铁路的路徽。证书底纹印有"为人民服务"五个大字和铁路路徽。整个毕业证书做工精细，简洁大气，颇具收藏价值。

证书内容为：学生吴黎明现年23岁，系江苏省川沙县人，在本校训练班统计科货车运用组学习期满，成绩及格，准予毕业，此证，公元1952年5月2日。

太原铁路学院 由该学院颁发的证书内容为：学生卜凤时系岫岩县人，现年21岁，1956年9月1日入本院中专部车辆系（科）学习车辆专业，学习4年，按教学计划完

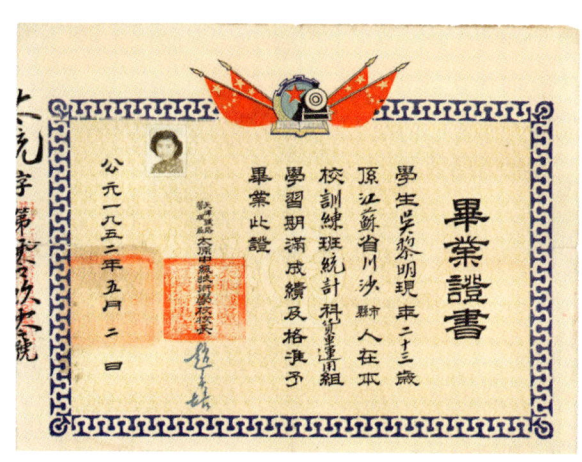

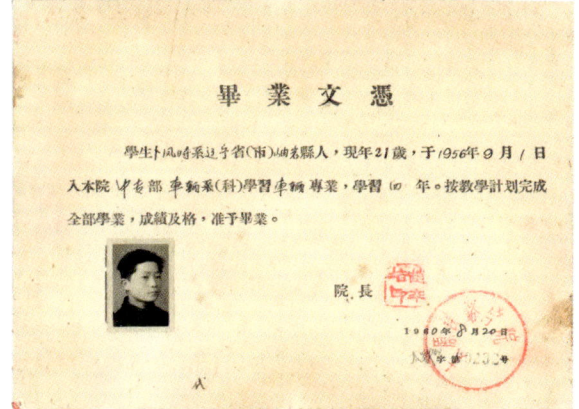

成全部学业，成绩及格，准予毕业，1960年8月20日，并盖有"太原铁路学院"红色印章。

这是一份特定历史时期形成的毕业证书。该学生上学时，学校更名频繁，1955年9月1日学校为铁道部太原铁路运输经济学校，归属铁道部。1956年3月11日，该学校与附近兄弟单位学校联合组成山西省级机关第十二在职干部业余政治学校。1957年9月1日更名为铁道部太原铁路运输机械学校，1958年7月1日成立太原铁路大学，1959年4月1日更名为太原铁道学院，1960年7月1日更名为太原铁路学院。

太原铁路医院 太原铁路医院的毕业证书上方中央是一本翻开的书籍上，四面五星红旗簇拥在齿轮、火车头两侧，证书背景是"为人民服务"五个大字和铁路路徽。学生许建萍17岁，山西省平遥县人，在本院附设护理人员训练班第二期学习期满成绩及格，准予毕业，院长殷隆高、杨鸣华，训练班主任杨孟明，1952年12月。

天津铁路管理局太原中级技术学校毕业证书
太原铁路学院毕业证书
太原铁路医院毕业证书

内蒙古——驼铃声声 步履不停

300年前，草原上驼铃声声、黄沙漫漫，张库大道上留下多少艰辛的足迹；100年前，京绥铁路的建设者，打通了西北连通北京的钢铁动脉，草原铁路历经百年沧桑巨变；中华人民共和国成立后，京包铁路、包兰铁路开通接轨，集二铁路让北京至莫斯科乃至欧洲的铁路距离，较绕道满洲里的运程缩短了1141公里。

听驼铃声声，赏毕业证书，草原上的铁路历史在这泛黄的历史印迹中慢慢浮现。

包头铁路职工子弟中学 该学校的前身是创建于1954年的铁道部第三工程局子弟中学,开始仅有初中部,校址在内蒙古集宁市。1957年迁至包头,1958年"工管合一"后,改为包头铁路职工子弟中学,并于同年开始招生高中班。1963年分出包头铁路二中后,改名为包头铁路一中,曾被确定为内蒙古重点中学,在包头市和呼和浩特铁路局范围内有较大影响。1978年至1982年期间,该学校是呼和浩特铁路局重点中学,1983年改为普通中学。1986年分局调整教育结构,学校成为纯高级中学,1988年开始恢复初中招生。

包头铁路职工子弟中学的毕业证书内容显示:学生李铁栓系内蒙古清水河人,现年42岁,在本校修业期满,成绩合格,准予毕业,1959年7月13日。这张证书不同于其他证书的是,其左侧文字为蒙文。

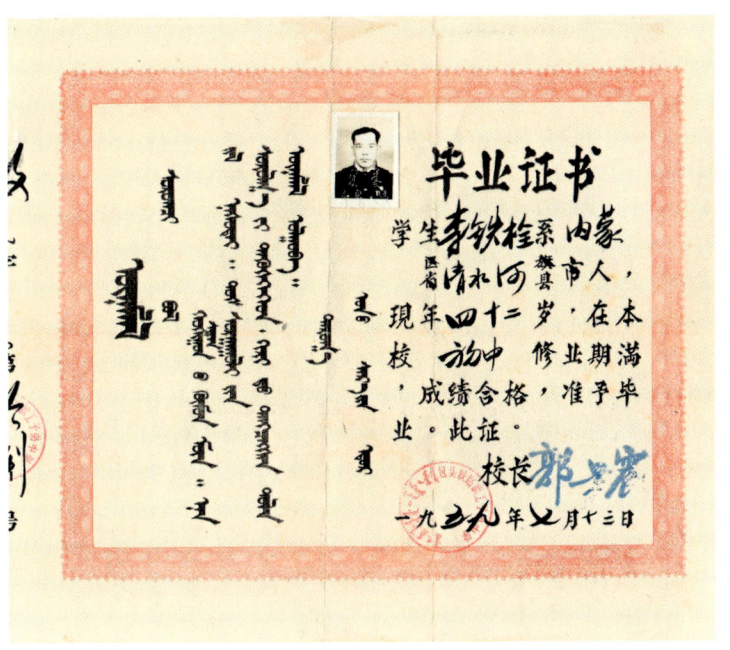

包头铁路职工子弟中学毕业证书

包头铁道学院 包头铁道学院的肄业证书非常简易，编号为第455号，内容全部为手写。内容显示：学生陈鹤麟，20岁，在我院桥隧科一年肄业，1961年9月30日。包头铁道学院的前身是包头铁路工程学校，始建于1956年4月。1958年至1964年，经铁道部决定，才升格为包头铁道学院，附设中专部。1964年恢复中专建制。

集宁铁路职工学校 说起集宁铁路职工学校的历史，还要追溯至集宁铁路职工子弟第一中学。该学校创建于1957年，是由原集宁铁路第二小学中学班建立起来的。1958年9月与小学分开办学，正式成立集宁铁路职工子弟中学。1984年普通高中部分改为职业高中，曾举办过会计、铁道线路、工民建和服装、烹饪、家电等专业班。1989年因无法解决学生就业问题，遂又将职业高中部分恢复为普通高中。

集宁铁路职工学校的毕业证书上方中间有个漂亮的标志——一本翻开的书上托着火车头、齿轮、金黄的麦穗，被四面红旗围绕在四周。证书背景印有五个大字"为人民服务"。证书内容为：学员芦英，现年21岁，广东省番禺县人，在本校电力机车班学习期满，成绩及格，准予毕业，校长李玉冈，副校长范东长，1960年7月31日。正文左侧为蒙文。

包头铁道学院肄业证书
集宁铁路职工学校毕业证书

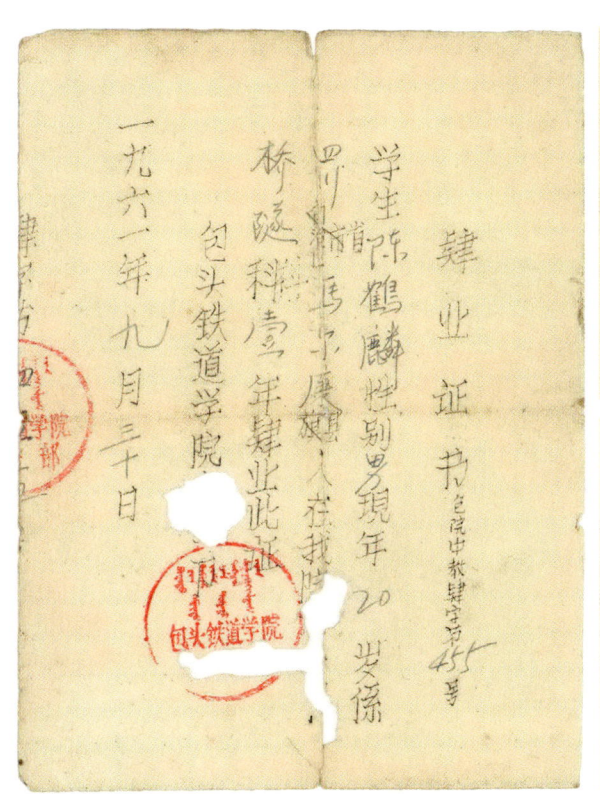

甘肃——大西北的交通咽喉
陕西——愚公移山感天动地
新疆——兰新铁路改写历史

西北

钢铁骆驼在飞奔

一说起大西北，人们便会联想起骆驼队踟蹰在沙漠上的荒凉景象。西北地区的新疆、青海、甘肃、宁夏、陕西等，在历史上是著名的丝绸之路必经之路。然而，在这辽阔的土地上，解放前只有陕西潼关至甘肃天水一段铁路。

中华人民共和国成立后，国家立即整治宝鸡至天水的铁路，并且迅速修建天水至兰州的铁路。从东海之滨的连云港起，穿越江苏、安徽、河南、陕西省境，直达甘肃省会兰州的陇海铁路，至此才成为名副其实的横贯中国大陆的东西大干线。

随后，兰州铁路、青藏铁路、兰新铁路、南疆铁路纷纷通车，包兰线与京包线相连。以兰州为枢纽的西北地区的交通面貌发生了巨大的变化，为支援开发大西北起到了重要作用。

甘肃——大西北的交通咽喉

1950年春，5万余解放军响应毛泽东同志"人民参加国家经济建设"的号召，承担起了修筑大西北交通咽喉——宝天铁路的艰巨任务。战士们不怕流血牺牲，历时10个月完成了全线的整修。

而紧随其后的天兰铁路，则打开了甘肃高速进入工业化时代的大门。天兰属于陇海铁路的一部分，早在1946年5月开工修建，然而直到1952年10月才通车。天兰铁路对兰州铁路局、对整个西北铁路的建设可谓意义深远。它是中华人民共和国诞生后，在西北修建的第一条铁路干线。

天兰铁路也是兰州铁路局的开端。1956年，兰州铁路局成立。之后，在党中央和中央人民政府的关怀下，西北铁路建设发展迅猛，兰州铁路局更是由小到大、由弱变强。

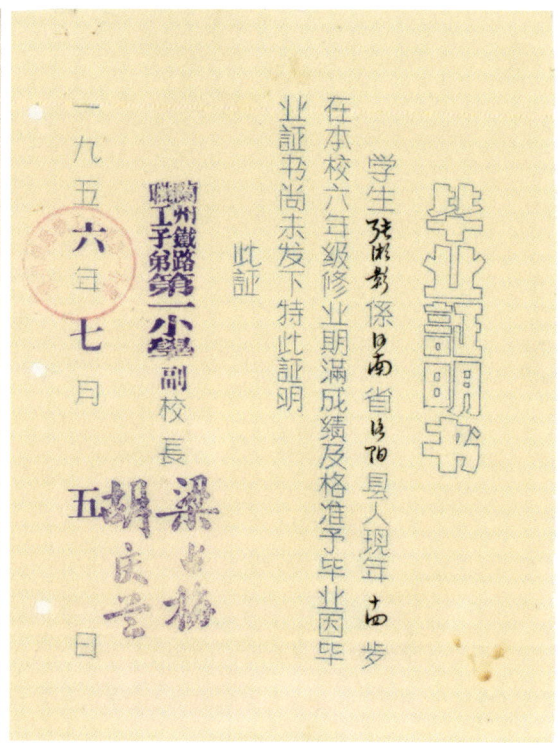

兰州铁路职工子弟学校毕业证书

兰州铁路职工子弟学校　兰州铁路职工子弟第一小学是一所历经50多年风雨沧桑的学校。其始建于1957年,现为兰州铁路第一小学,现已发展为具有鲜明特色的现代化小学。

目前,学校拥有39个教学班、2200余名学生、近百名教职工,办学规模居兰州市小学教育前列。2000年,学校重新确立了为学生服务、为家长服务、为孩子的一生奠基的办学理念,也就是要树立以学生为本、一切为学生服务、为学生的发展服务的办学理念。理念的超前、思路的明晰,全面提升了学校的办学层次,形成了办学特色。

了解完小学,我们来看看中学。兰州铁路职工子弟第一中学于1956年由中国原铁道部第一工程局创办,1963年8月经甘肃省第六届教育工作会议评定为省属重点中学,1978年由省政府再次定为甘肃省首批重点中学,于1997年通过了兰州铁路局"示范性学校"验收。2007年8月,该校由兰州铁路局移交兰州市教育局管理,更名为兰州市第五十一中学。

两所学校的历史,可以从一个名为赵月庭的学生毕业证书中得以一窥。1961年,赵月庭16岁时从兰州铁路职工子弟第一小学毕业;1964年,19岁的赵月庭又从兰州铁路职工子弟第一中学毕业。当时的中学校长是熊梅颖。熊梅颖是抗日战争末期参加革命的优秀知识分子干部,先后在1958年至1960年以及1964年至1967年期间担任兰州铁路职工子弟第一中学校长。

还有一张兰州铁路职工子弟第一小学的毕业证明书,内容为手写的方式,张浉影学生14岁在本校六年级修业期满、成绩及格,准予毕业,因毕业证书尚未发下,特此证明,副校长梁占梅、胡庆兰,1956年7月5日。

晏家坪铁路职工子弟小学毕业证书

晏家坪铁路职工子弟小学 该学校位于甘肃省兰州市。其颁发的毕业证书四周为红色边框,上方中央是齿轮、麦穗围绕成的圆形图案,内部镶嵌五角星、火炬、书籍,两侧是六面红旗。证书背景底纹为黄色小方格。证书内容显示:学生王癸林是陕西省南郑县人,现年13岁,在本校高小修业期满,成绩及格,准予毕业,1966年7月14日。

1950年4月,陇海铁路天兰段大河岔深沟架桥开工。陇海铁路始建于1904年,是中国境内一条连接甘肃兰州与江苏连云港的铁路,为中国三横五纵干线铁路中的"一横"。

宝成铁路位于陕西省、甘肃省和四川省境内,全长668.198公里。它是一条连接中国西北地区和西南地区的交通动脉,是中国第一条电气化铁路,也是新中国第一条工程艰巨的铁路。这条铁路的建成,改变了"蜀道难"的局面,为发展西南地区经济建设创造了重要条件。图为中华人民共和国第一任铁道部部长滕代远(右一)为宝成铁路奠基。

陕西——愚公移山感天动地

陕西省在铁路网中地位十分重要。加之其矿产资源丰富，大量煤炭和矿产品需通过铁路运往华东、中南和西南地区，因此，铁路在陕西省及我国西部地区国民经济中的地位和作用尤为突出。中华人民共和国成立后，陕西省境内铁路建设取得了较大发展，新建了宝成、阳安、襄渝、侯西、宝中、西户等十余条铁路干线，改造了陇海、咸铜铁路。特别是宝成铁路的建成，结束了"蜀道难，难于上青天"的历史。

宝成铁路于我国第一个五年计划内修建，北起陕西省宝鸡市，南至四川成都，与成渝、成昆两线衔接。它是沟通西北与西南的第一条铁路干线，也是第一条敢于穿越秦岭的铁路，还是中国有史以来第一条电气化铁路等。在技术设备不发达的年代，依靠人力凿穿秦岭，其难度可想而知，现代版的"愚公移山"感天动地！

西安铁路职工子弟第一中学 90多年的历史,让这所学校积淀了深厚的底蕴。该学校成立于1949年,其前身为1929年创办的西安扶轮中学,现为西安铁一中。西安铁一中是陕西省重点中学,迄今已有90多年历史。学校坚持"视质量如生命、视学生如子女、视家长如亲朋"的办学理念和"优秀+特长"的培养目标,以"责任、荣誉"为校训,"来为求知、去做栋梁"为校铭,着眼于学生一生的发展,以高质量、现代化、有特色,教师认真负责,学生全面发展而享誉三秦大地。

西安铁路职工子弟第一中学毕业证书封皮上赫然印有"为人民服务"五个大字,这是中国共产党的一个重要原则。1945年4月23日,抗日战争即将胜利结束之际,毛泽东同志在"七大"所作的开幕词《两个中国之命运》的最后指出,"我们应该谦虚、谨慎、戒骄、戒躁,全心全意地为中国人民服务","只要我们能够这样做,只要我们有正确的政策,只要我们一致努力,我们的任务是必能完成的"。从此,"谦虚、谨慎、戒骄、戒躁"成为中国共产党人自我修养的要求。

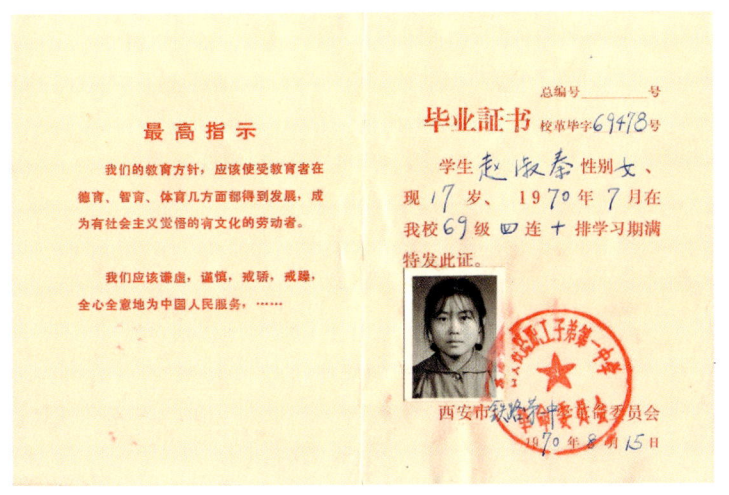

西安铁路职工子弟第一中学毕业证书

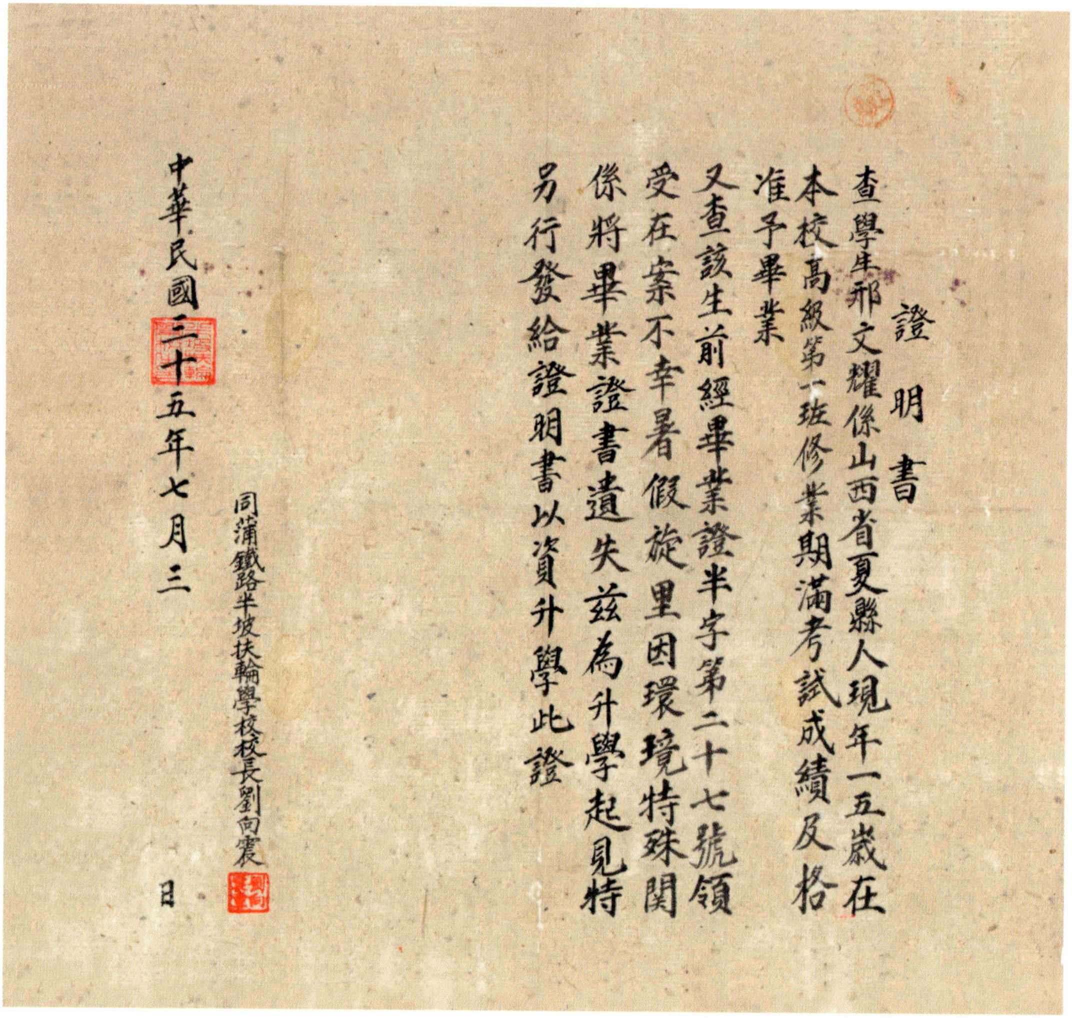

證 明 書

查學生邢文耀係山西省夏縣人現年一五歲在本校高級第一班修業期滿考試成績及格准予畢業

又查該生前經畢業證書半字第二十七號領受在案不幸暑假旋里因環境特殊關係將畢業證書遺失茲為升學起見特另行發給證明書以資升學此證

同蒲鐵路半坡扶輪學校校長劉向震

中華民國三十五年七月三日

同蒲铁路半坡扶轮学校证明书

同蒲铁路半坡扶轮学校　同蒲铁路贯穿山西省中部的南北铁路干线，也是沟通晋陕两省的交通大动脉，经过8个市31个县市区，共有车站108处，为国家Ⅰ级铁路干线。

这条铁路北起山西大同，经太原市南至运城市蒲州镇，继而在风陵渡过黄河，在华山站接入陇海铁路。全长865公里，以太原为界，分为北同蒲铁路和南同蒲铁路。南同蒲段513多公里，于1933年5月开工，1935年12月竣工。北同蒲段351多公里，于1933年11月开工，1939年竣工。1951年8月，同蒲铁路全线恢复通车。

同蒲铁路半坡扶轮学校出具的证明书内容为：查学生邢文耀系山西省夏县人，现年15岁，在本校高级第一班修业期满考试成绩及格，准予毕业。又查该生前经毕业证半字第二十七号领受在案，不幸暑假旋里因环境特殊关系，将毕业证书遗失，兹为升学起见，特另行发给证明书以资升学，此证。

同蒲铁路半坡扶轮学校转学证书

新疆——兰新铁路改写历史

69年前，毛泽东同志发出修建兰新铁路的号召，成千上万的建设者携家带口，来到新疆，开启了中国铁路波澜壮阔的新篇章。当第一根铁轨从新疆境内第一站天湖站铺筑，这个占中国国土面积六分之一的西北大地便结束了无铁路的历史。可以说，凭借这条铁路，新疆书写了铁路建设新历史，这条"钢铁巨龙"也担负起百姓进出新疆和货物运输的重任。

兰新铁路建成后，兰新二线、南疆铁路、哈额铁路、哈罗铁路等一批铁路相继建成。西北铁路织线成网，加强了新疆各地州的联系。而南疆、北疆架桥铺路，使得新疆广袤大地进入国家交通大动脉，也让遥远闭塞的边疆打开了尘封的大门，走向世界。

兰新铁路于1952年10月开工,其中东起甘肃兰州,西至新疆乌鲁木齐,全长2423公里。

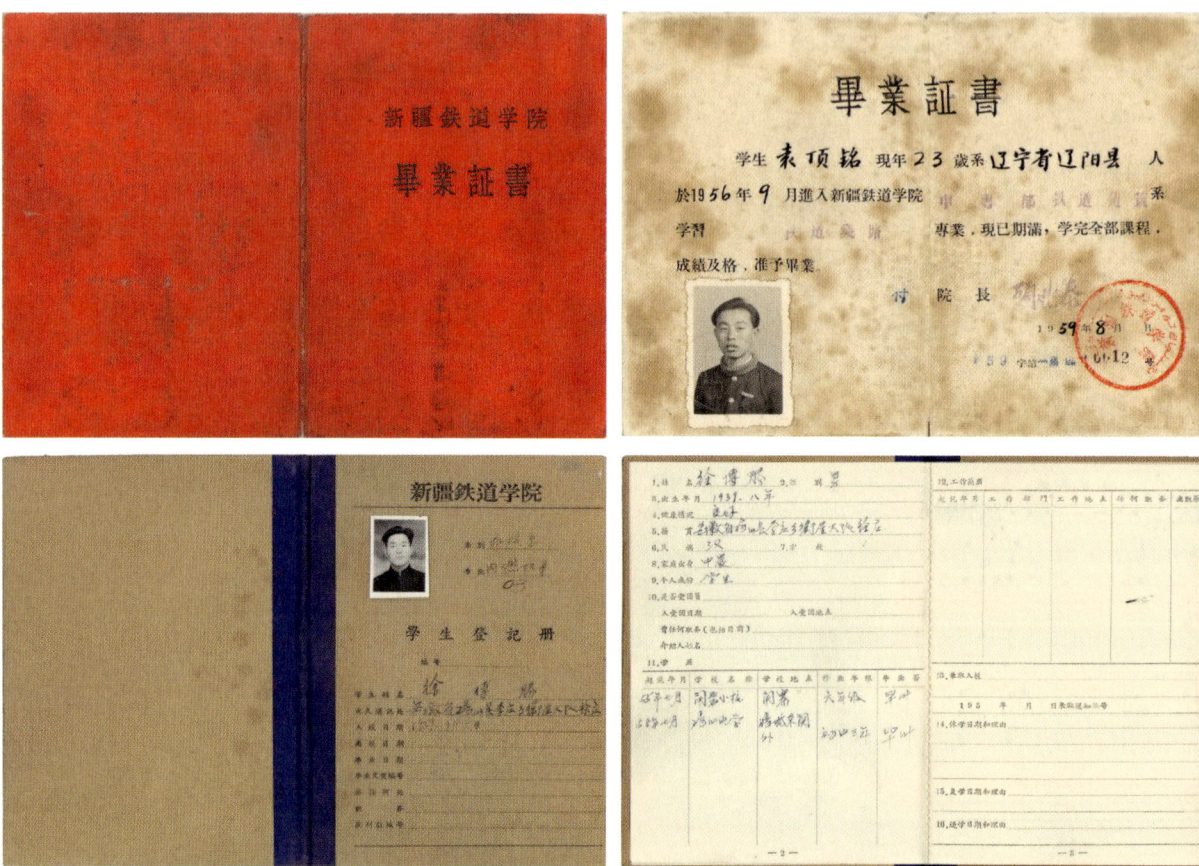

新疆铁道学院　新疆铁道学院的历史,与兰新铁路的修建不无关系。1950年,西北铁路干线工程局铁路人员培训所创建。1952年,西北铁路干线工程局铁路人员培训所更名为天水铁路学校。1955年,天水铁路学校更名为铁道部天水铁路工程学校。1958年,中央制定了"鼓足干劲,力争上游,多快好省地建设社会主义"的总路线。铁道部随即召开多次全路教育工作会议进行部署,掀起了全路教育大革命、大跃进的高潮。铁路中专学校一下子新增59所,全路达87所;十几所老中专升格为铁道学院。

1958年8月,由于兰新铁路的修建,急需铁路建设人才,铁道部决定天水铁路工程学校随第一铁路工程局整体搬迁到新疆乌鲁木齐,并扩建升格为新疆铁道学院,设大学本科部和中专部。大学部开设铁道建筑、桥梁隧道、内燃机车三个专业;中专部设铁道建筑、桥梁隧道、内燃机车、筑路机械、铁道车辆、铁道通信、铁道运输七个专业。

新疆铁道学院毕业证书呈对折式,分封皮和内文,封皮为大红色。证书内容为:学生袁顶铭,现年23岁,系辽宁省辽阳县人,于1956年9月进入新疆铁道学院中专部铁道建筑系,学习铁道线路专业,现已期满,学完全部课程,成绩及格,准予毕业,副院长胡兆泰,1959年8月,并盖有学校红色印章。

另有一份新疆铁道学院学生登记册,内容为学生徐传胜于1959年9月15日入校,就读于机械系内燃机车专业。

新疆铁道学院毕业证书及学生登记册

铁路

№ باشلانغۇچ مەكتەپ
小學 多 字第008號

گوۋانامە

ئوقۇغۇچى ھازىر ياش،

شىنجاڭ ئۇيغۇر ئاپتونوم رايونى شەھەر / ناھيە

ئۆلكىسى

رايونىدىن بولۇپ، مەكتىۋىمىزنىڭ

سىنىپىنى پۈتتۈرگەنلىكى ئۈچۈن مۇشۇ گوۋانامە بېرىلدى.

畢業證書

学生 梁天生 汉族 系 ~~新疆維吾爾自治區~~ 江苏省

无锡 市/縣 區人現年 十二 歲在本校

高小 修業期滿、成績合格，准予畢業。

此 証

乌鲁木齐铁路职工子弟第一小学

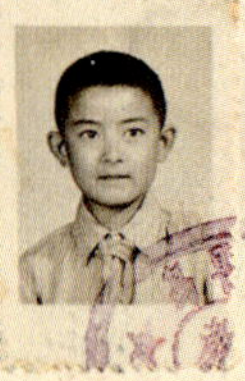

مەكتەپ مۇدىرى:

校長 [signature]

كۈنى - ئاي - يىلى - 19

公元 一九 六五 年 七 月 十 日

乌鲁木齐铁路职工子弟第一小学 新疆地广人稀,铁路点多线长。学校的新建是根据铁路发展的需要,铁路修建到哪里,教育就办到哪里,起初是分布在沿线站区的数十个教学点,后来随着路局14个生活基地的建立,完全小学和完全中学也逐步发展起来了。到1966年,学校增加到23所,其中小学20所、初中2所、完中1所,在校学生14185人、教职工1223人。到1971年,在校学生增至22409人,比1966年增加58%,而学校和教职工的数量都基本未变。

路局基础教育在很大程度上解决了铁路子女就近入学,及铁路职工的后顾之忧,为铁路运输安全生产做出了积极的贡献。到1976年,学校增加到42所,比1971年的学校规模增加了一倍;在校学生33778人,比1971年的在校生增加了50%;教职工2174人,比1971年增加78%。

中共十一届三中全会后,乌鲁木齐铁路局教学秩序开始恢复,教育质量迅速提高。到2000年,全局中小学共有38所,其中小学23所、中学15所。全局基本上形成了适应铁路发展需要、适合职工子女就近入学、布局比较合理的中小学教育网络。

一份1965年乌鲁木齐铁路职工子弟第一小学颁发的毕业证书,分上下两部分,上半部分由维语所写,下半部分则是由汉语再次重述。乌鲁木齐铁路职工子弟第一小学成立于1959年9月。乌鲁木齐铁路局辖区的中小学教育是随着铁路1958年进入新疆后发展起来的。

乌鲁木齐铁路职工子弟第一小学毕业证书

南疆铁路,是中国一条连接新疆吐鲁番市吐鲁番站与和田市和田站的国铁双线电气化铁路。其东段即吐鲁番至库尔勒于1974年开工,全长475公里。

川渝——人类可以征服自然
贵州——黔道难变成黔道通

西南

青天蜀道变坦途

旧中国修建的铁路不仅数量少、质量差，而且大部分在沿海地区，西南、西北地区几乎没有铁路。尤其是西南地区，山险水急，交通十分闭塞。从20世纪50年代开始，国家在云、贵、川三省大力修建铁路。

1950年6月，成渝铁路开始修建。这条铁路在旧中国筹建了40多年，却不曾铺下一根枕木。而在新中国，经过两年零一个月的时间，505公里的成渝铁路就胜利通车了。1956年又修建了宝成铁路，并陆续建成了川黔、贵昆、成昆、湘黔、襄渝等铁路。这些铁路互相衔接，在云、贵、川三省形成了铁路网。

唐代诗人李白曾形容为"难于上青天"的蜀道，已为铁路大道所替代。云贵高原的铁路通向了全国各地，使那里许多少数民族地区的经济、文化与内陆的交往大大密切了。

川渝——人类可以征服自然

四川、四川,四面是山。可以说,蜀道历来是四川的命门所在。如何破解?中华人民共和国成立后,百废待兴,面临着西南刚刚解放、战争尚未完全平息等各种不利因素,党中央和政府为了西南人民,决定在极其艰难的条件下开始兴建成渝铁路。

1953年7月,历时三年建设的成渝铁路通车,全长505公里。它创造了历史上的多个"第一"。它是新中国自行修建的第一条铁路,是中国西南地区第一条铁路干线,是连接川西、川东的经济和交通大动脉。

除了成渝铁路,不得不提的还有"铁路建筑史上的奇迹之路"——成昆铁路。其北起川西平原腹地成都,一路向南,沿途三分之二为崇山峻岭。1970年7月1日,成昆铁路竣工通车。全长1096公里的铁路,平均每1.7公里一座桥梁,每2.5公里一座隧道,桥隧相加,占线路总长近40%。全线三分之一的车站被迫修在桥梁上或者隧道里。成昆铁路创造了世界铁路建筑史上的奇迹。此后,在交通建设大会战中,四川还建成了宝成铁路、川黔铁路、襄渝铁路等出川大通道。

在通向青天蜀道的路途中,我们还不能忘了那些铁路专业学校。是它们,培育了大量人才,并输送到铁路建设的各个岗位中,为四川铁路事业的发展贡献了一己之力。

一条修建于半个世纪之前的千余公里铁路线，开创了18项中国铁路之最、13项世界铁路之最，荣获"国家科学技术进步特等奖"，曾被联合国称为"象征20世纪人类征服自然的三大奇迹"之一。它就是1958年开工建设的成昆铁路，起于四川省成都市，止于云南省昆明市，全长1096公里。

成都铁路工程学校 该学校始建于1951年7月，原为铁道部部属学校，2000年2月规划四川省属地管理。现为首批国家级中等职业教育改革发展示范学校、国家级重点中等职业学校、全国建设行业技能型紧缺人才培养培训基地、中华全国总工会职工教育培训优秀示范点和中铁二局员工培训基地。

成都铁路工程学校的毕业证书为对折式，棕色封皮，翻开证书为证书的内容：学生和盛显于1960年进入成都铁路工程学校铁道线路专业，学完全部课程，成绩及格，准予毕业，1965年7月28日，左下角贴有学生照片，并印有钢印。

成都铁路卫生学校 成立于1947年的成都铁路卫生学校，是国家级重点中等职业学校、四川省首批示范性中等职业学校、教育部德育实验基地、成都市文明单位标兵、职业教育先进学校。学校开设有护理、口腔医学、口腔工艺技术、药剂、检验等十余个专业，护理专业是教育部首批示范专业。现有注册学生8000余人、在校学生6300余名、100余个教学班。2009年秋季，学校被确定为四川省藏区"9+3"免费职业教育计划定点学校。

20世纪60年代，由成都铁路卫生学校颁发的毕业证书内容为：学生邹宗彩，21岁，四川新都人，1959年9月进入成都铁路卫生学校学习医士专业，现已学习期满，学完全部课程，成绩及格，准予毕业，校长程明，1962年8月。

成都铁路工程学校毕业证书
成都铁路卫生学校毕业证书

成都铁路学校 毕业证书纸张已泛黄、褶皱，左下角贴有学生的照片，并印有钢印。学生徐玉如，四川双流人，21 岁，于 1960 年 5 月入本校专修科师专班学习，修业期满，成绩及格，准予毕业，特发此证。1961 年 7 月 30 日。

铁道部资阳内燃机车工厂技工学校 该校是隶属于资阳内燃机车工厂的一所完全中学，创建于 1978 年，是在工厂原有的四所初级中学、两所高级中学合并的基础上建立起来的。

由这所学校颁发的毕业证明书为左右对折式，证书封皮为红色字体、中间为红色的铁路路徽。证书展开左半部分贴有学生的照片，并盖有学校的红色印章，右半部分为证书内容。学员吴彰，四川成都人，22 岁，在本校内钳工种学习两年，准予毕业，1978 年 5 月 15 日。

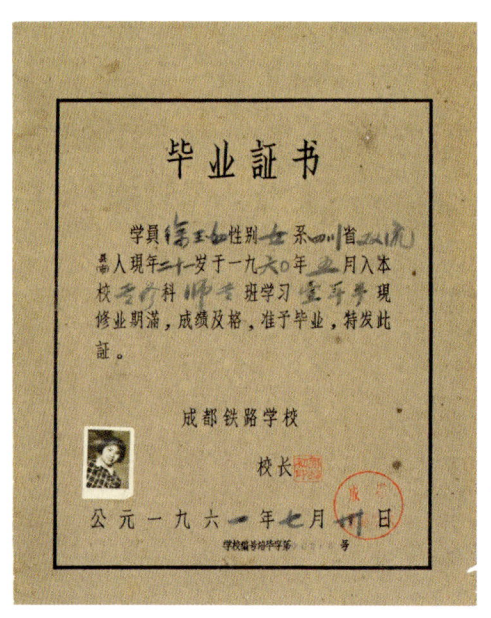

成都铁路学校毕业证书

西南 青天蜀道变坦途

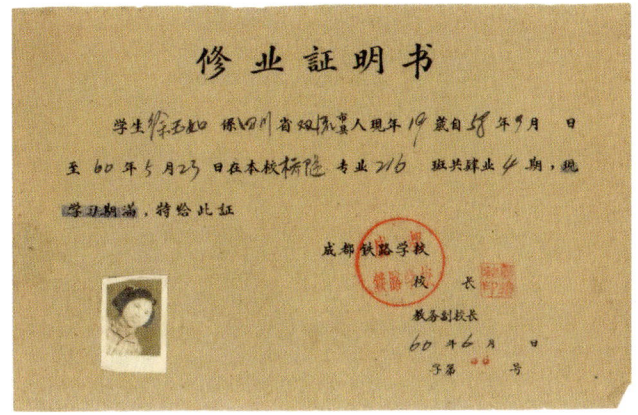

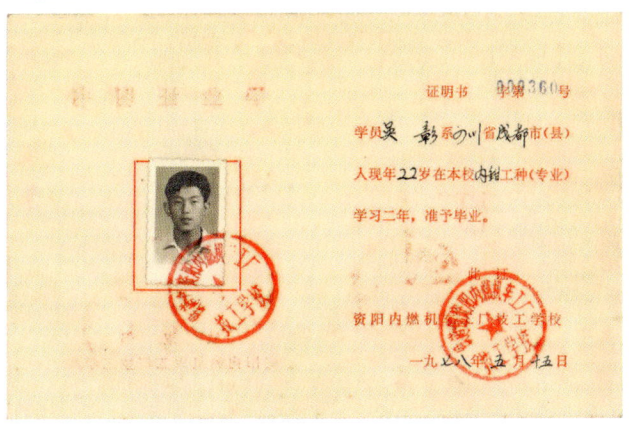

成都铁路学校修业证明书

铁道部资阳内燃机车工厂技工学校毕业证明书

西南交通大学 该所大学的前身为原唐山铁道学院。1964年10月，根据中央工作会议精神，唐山铁道学院内迁峨眉。后因"文化大革命"的冲击，迁校工作断断续续，直到1972年学校在峨眉改名为西南交通大学。

西南交通大学学生冯长康的毕业证书呈折叠式，左侧是学生照片并盖有钢印，下面是编号：毕证字0163号；右侧是证书内容：学生于1952年9月入唐山铁道学院桥隧系学习，经组织决定转入桥梁专修科，于1954年7月毕业。根据教育部教学字（84）第031号文件精神，按同期入学的本科生对待，特换发本科毕业证书。

西南铁路工程局成都职工子弟中学 该校建于1962年，1982年被列为四川省首批重点中学。稻穗、丝绸构造成的外边框，上方是齿轮、五角星、稻穗、红丝绸，下方中间是翻开的书籍，边框下方是学校编号成铁中毕（63）字第00257号，中等学校适用。学生黄长文，四川岳池人，17岁，于1963年7月在本校初中部1963级第八班修业期满，成绩及格，准予毕业。

西南交通大学毕业证书
西南铁路工程局成都职工子弟中学毕业证书

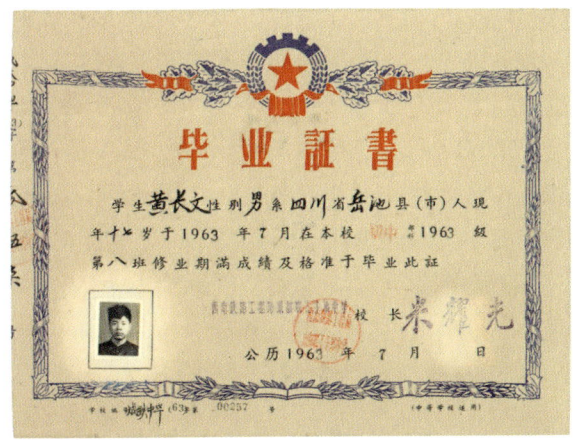

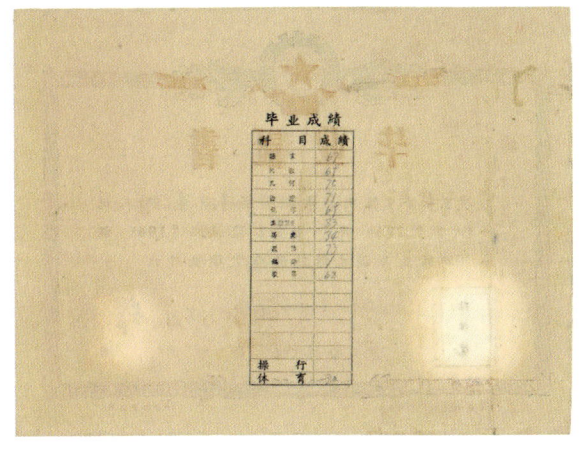

成都铁路分局荷花池铁路职工子弟中学校　出自这所学校的毕业证书边框是红色剪纸式纹路，左侧为骑马线和骑缝章。正文内容为：学生白蓉，女，16岁，四川省双流县人，于1980年6月在本校高中部学习期满准予毕业，校长全长书，1980年6月，学校编号80字第22号。

成都荷花池铁路职工子弟中学是一所完全中学，位于成都市火车站北站西二段，现属成都铁路分局管辖。

九龙坡铁路职工子弟小学　该校创办于1952年9月，是成渝铁路上建校最早的一所小学，地处重庆市九龙坡区黄桷坪。建校初期，开设6个班，拥有10余名教职工、240名学生。1964年7月，由于学龄儿童猛增，学校分为九龙坡铁路职工子弟第一小学和九龙坡铁路职工子弟第二小学。至1979年10月19日，又因学生人数减少，合并为九龙坡铁路职工子弟小学。1981年，学校被确定为四川省首批办好的重点小学，1985年，被评为"全国红旗大队"，1988年被全国铁道团委命名为"美育之花"，1992年被评为四川省企业办学先进单位，1994年被命名为成都铁路局首批示范小学，1997年被命名为重庆市文明礼仪示范学校，2001年被命名为九龙坡区首批示范小学，同年被确定为重庆市教育科研实验基地。2003年初，通过了重庆市示范小学的检查验收，成为重庆市唯一的企业办学的示范小学。

1954年颁发的九龙铁路职工子弟小学毕业证书布局简单，内容正规，校长签章、校印、政府印章、骑缝章均齐全。

成都铁路分局荷花池铁路职工子弟中学校毕业证书
九龙坡铁路职工子弟小学毕业证书

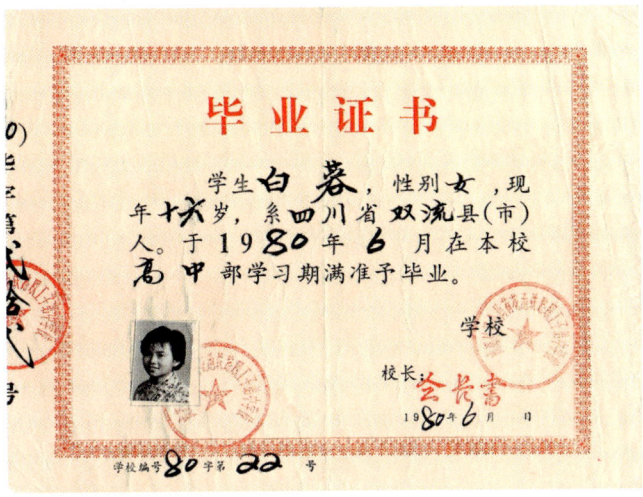

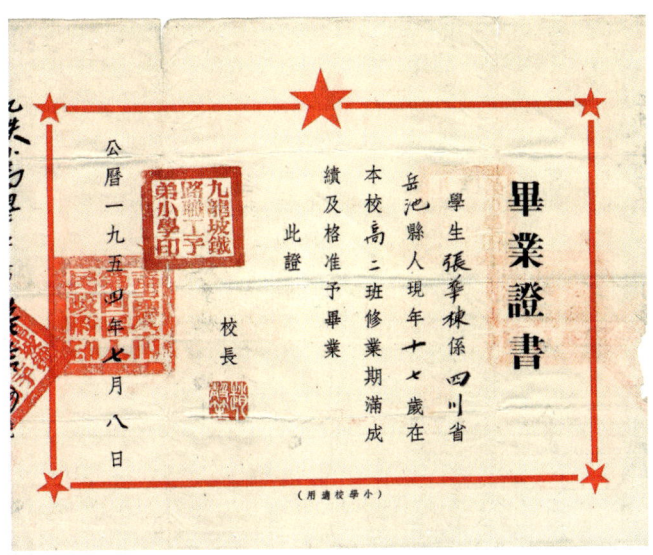

襄渝铁路由湖北襄樊通往重庆，全长897公里，于1968年4月开工。这是一条我国东西走向的重要铁路干线，它的成功修建也是中国铁路建设史上的伟大创举。

其全线由铁道兵组织施工，工程建设高潮时，有83万多人参与大会战。资料显示，担负大巴山隧道的施工部队，在公路修通前，每人每天在山道上往返40公里，用人力搬运了1800吨物资。可以说，英雄的铁道兵为襄渝铁路建设付出了巨大代价，"铁路每推进一公里，就有一名战士倒下"。

贵州——黔道难变成黔道通

"连峰际天、飞鸟不通",古人的诗句记录下曾经贵州交通的闭塞状况与对外联系的艰难。回首过去,"黔道难"正是贵州落后的重要根源。但是贵州人并没有屈服,从中华人民共和国成立以来,贵州人通过各种努力,造就了一个个的世界奇迹。

1959年初,贵州真正意义上的第一条铁路——黔桂铁路建成通车,打通了贵州南下出海的陆路通道,结束了省会贵阳不通火车的历史。就时间上而言,它比1881年修建的唐山至胥各庄铁路大概晚了80年,贵州交通面貌可见一斑。此后,1965年川黔铁路全线通车,1970年贵昆线交付运营,1972年湘黔铁路全线接轨……贵州铁路逐渐进入高速发展时期。

1959年贵阳车站

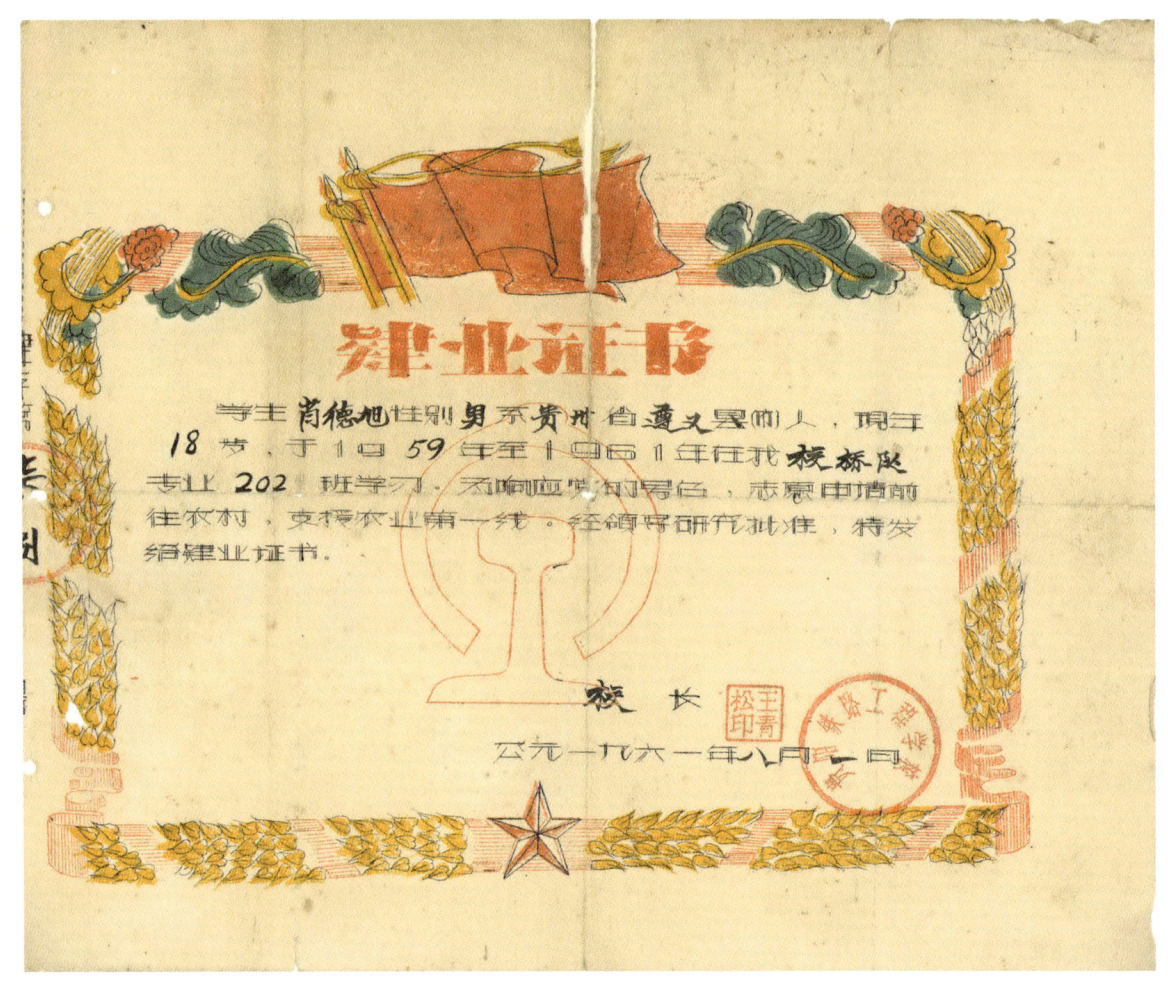

毕业证书

学生 肖德旭 性别 男 系 贵州 省 遵义 县(市)人，现年 18 岁，于1959年至1961年在我校 桥隧 专业 202 班学习。系响应党的号召，志愿申请前往农村，支援农业第一线。经领导研究批准，特发给毕业证书。

校　长

公元一九六一年八月 日

贵阳铁路工程学校　该校源于1959年创建的贵阳铁路学校，1960年学校解体，其桥隧专业和建筑专业重组，成立贵阳铁路工程学校。同年秋，贵州省科技学校学生和都匀铁路桥梁预制厂铁路运输机械学校学生调整到该校，至1962年停办。

贵阳铁路工程学校于1961年颁发的肄业证书，上方中间为两面飘扬的红旗，四周以红丝带缠绕的麦穗作边框，底纹为中国铁路的标志。证书内容为：学员肖德旭，贵州省遵义县人，现年18岁，于1959年至1961年在我校桥隧专业202班学习，为响应党的号召，自愿申请前往农村，支援农业第一线，经领导研究批准，特发给肄业证书。

当时该校校长为王青松，其于1937年参加革命工作，1938年12月加入中国共产党。抗日战争时期，任八路军七旅政治部干事、冀鲁豫军区19团特派员、中共考城县委书记兼县大队政委。解放战争时期，任中共民权县委书记兼民考支队政委、17军3团政委、西南铁路工程局工程大队长兼政委。中华人民共和国成立后，任铁路工程局施工处处长、铁道部贵阳铁路局副局长、贵阳铁路工程学校校长、第二铁路工程局副局长、第三铁路工程局党委副书记和代理书记、隧道工程局党委书记（副部长级）等。

贵阳铁路工程学校肄业证书

湖南——这里有一个巨无霸
湖北——终于不再隔江相望
河南——火车拉来的一座城

华中

经济走廊连东西

华中三省——河南、湖北、湖南，起着承东启西、连南望北的作用。这里的铁路历史悠久，大冶铁路、京广铁路（京汉铁路和粤汉铁路）、陇海铁路等，在这片土地生存发展了100多年。可以说，铁路是华中地区最早的品牌之一。1923年，中国共产党领导了京汉铁路工人大罢工，更是让郑州、汉口名扬天下。

中华人民共和国成立后，在1953年至1957年"一五"期间，一大批重点经济建设项目有相当部分兴建在京广铁路沿线的郑州、武汉、长沙等城市，沿线厂矿企业飞速发展，人口密度迅速增大，大量物资经过京广铁路运输。而武汉长江大桥的建成，更让列车速度和运输能力有了大幅度提升。分布在华中地区的一条条钢铁巨龙，贯通祖国南北、连接神州东西，成为中华人民共和国重要的经济走廊。

湖南——这里有一个巨无霸

粤汉铁路纵贯湘鄂粤三省,其中在湖南省境内线路最长,几乎占路线总里程的60%。正因为如此,1936年粤汉铁路建成通车,既是我国一大之铁路交通线,"亦为湖南人之生命线"。伴随粤汉铁路发展而来的还有"巨无霸"——衡阳铁路局。它曾经是中南地区铁路总局,管辖湖南、湖北、广东、广西、江西、贵州、海南七省铁路,一时跃升为中南铁路的重镇。

如今,从一张张源自湖南的毕业证书中,不难发现,衡阳铁路学校历史悠久,成就辉煌,已然是那一段辉煌时刻的铭记。

长沙火车站

长沙铁道学院 该学院的前身是中南土木建筑学院的铁道建筑系、桥梁与隧道系和铁道运输系。1953年全国高等学校院系调整时，由武汉大学、湖南大学、南昌大学、广西大学的土建专业和四川大学、云南大学、华南工学院的铁道专业合并建立中南土木建筑学院。当时属于铁路方面的有铁道建筑和桥梁与隧道两个专业。1956年增设铁道运输系，设有铁道建筑、铁路桥梁与隧道（含桥梁和隧道两门专业）、铁道运输等四年制本科专业（1955年改为五年制本科）。初期还设有铁道建筑、铁道勘测、定线设计、铁路桥梁等两年制专科专业。

随着国家教育管理体制的变化，1958年6月10日，中南土木建筑学院更名为湖南工学院，1959年7月18日又更名为湖南大学。1960年9月15日，根据铁道部铁教学划【60】字第2345号文件，将湖南大学的铁道建筑、桥梁与隧道、铁道运输三个系迁至长沙市南郊并增设数理力学和电信两个系，成立长沙铁道学院，直属铁道部领导。

1962年8月长沙铁道学院颁发的毕业证书内容显示：学生鲁启端为江西省南丰县人，1957年9月入本院铁道建筑系铁道建筑专业学习5年，按教学计划完成全部学业，成绩及格，准予毕业。署有长沙铁道学院院长李文舫的名字，并盖有其名章，日期上则盖有"长沙铁道学院"红色印章，文凭登记字第447号。

株洲机车车辆修理厂技工学校 追根溯源，株洲机车车辆修理厂技工学校的前身，是1951年创建的株洲铁路工厂技工学校。到1953年时，更名为株洲机车车辆修理厂技工学校。从1954年至1963年，学校几度更名——株洲机车车辆厂技工学校、铁道部（交通部）田心机车车辆厂技工

长沙铁道学院毕业文凭
株洲机车车辆修理厂技工学校毕业证书

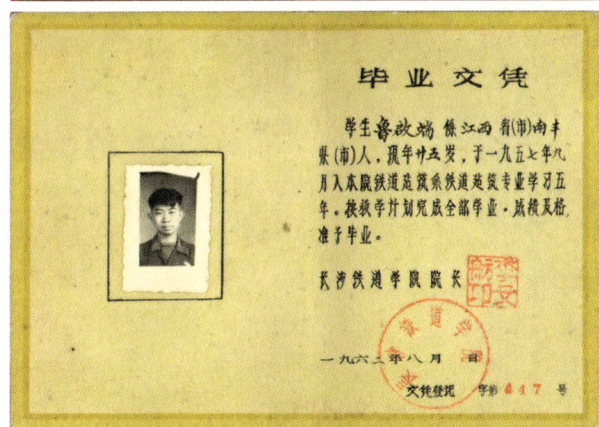

学校、铁道部田心机车车辆厂（半工半读）技工学校。至1969年，学校停办。1979年，学校复办，并由技校升格为中专，定名为田心铁路技术学校。1983年又更名为株洲铁路电机学校，株洲电力机车厂职工大学创建（合署）。1988年，大学撤销，参与合并组建铁道部工业职工大学，现发展为湖南铁道职业技术学院。1997年，株洲铁路电机学校并入（合署）铁道部工业职工大学。

株洲机车车辆修理厂技工学校于1954年签发的毕业证书内容为：学生梅启美，19岁，在本校机械钳工二班修业期满，成绩及格，准予毕业。

衡阳铁路管理局业务技术训练班 1936年，衡阳铁路局成立，位于中南重镇湖南省衡阳市。衡阳，也因铁路成长起来。1949年10月8日，铁道部将粤汉铁路局与湘桂铁路局合并为衡阳铁路局，下辖衡阳铁路分局、武昌铁路分局、广州铁路分局、柳州铁路分局、南昌铁路分局等5个分局，管辖湖南、湖北、广东、广西、贵州、江西、海南七省铁路。郭维城将军任衡阳铁路局局长。从1952年7月3日衡阳铁路局业务技术训练班颁发的结业证书可以看到，时任局长是郭维城。

郭维城是奉天义州（今辽宁义县）人，满族，1932年加入中国共产主义青年团，1933年转入中国共产党。1934年毕业于东北大学政治学系。1955年被授予少将军衔，曾获二级独立自由勋章、一级解放勋章。历任八路军副师长兼政治部主任，齐齐哈尔护路军司令员兼铁路局局长，中南军区铁道运输司令部司令员，中国人民志愿军铁道兵指挥所司令员，铁道部副部长、部长等职。

衡阳铁路管理局业务技术训练班结业证书

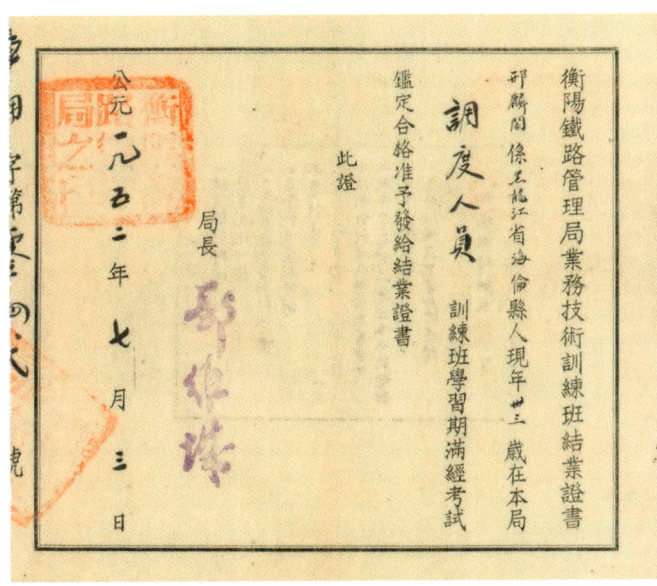

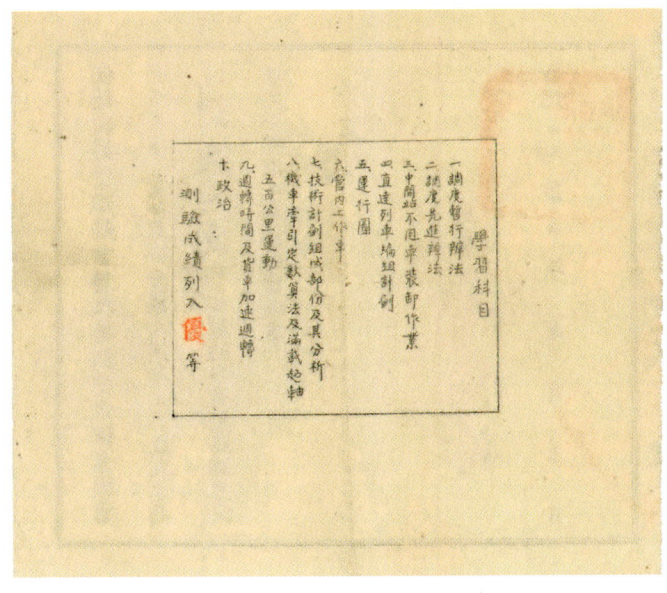

衡阳铁路工程学校 1965年衡阳铁路工程学校颁发的毕业证书显示，学生庞景德在本校铁道线路专业学习四年修业期满，成绩及格，准予毕业，此证，1965年8月。衡阳铁路工程学校是一所国家级重点中等专业学校，又是衡阳铁路运输高级技工学校，位于衡阳市中心，距离衡阳火车站只有1公里。学校校园风景秀丽，四季常青，北依雁峰山麓，东临湘江河畔，是湖南省"园林式单位"和"百佳文明卫生单位"。

衡阳铁路职工子弟第三小学 该校颁发的毕业证书编号为衡三字第29号。证书边框是金色麦穗和红丝绸围绕而成，上两角为五星红旗，上方中央为五角星，两侧边框内绘有军人、农民，下方边框中央内部绘有在农田耕作的农民。该学生沈晃，江苏省崇明县人，16岁在本校六年级修业期满，成绩及格，准予毕业，1954年7月10日，并盖有"衡阳市人民政府"印章。

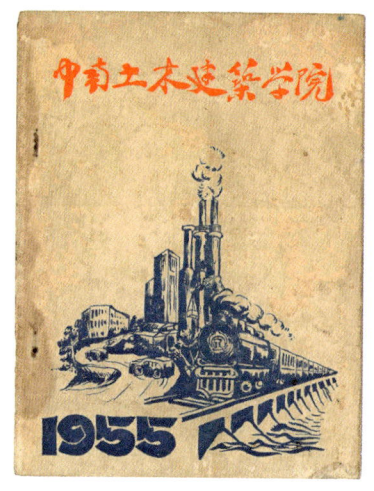

中南土木建筑学院是当时全国土木三强之一。

衡阳铁路工程学校
毕业证书

衡阳铁路职工子弟
第三小学毕业证书

湖北——终于不再隔江相望

论湖北交通,"京广铁路"分量比天重,其百余年的沧桑史令人回味无穷。这条纵贯我国南北的大动脉,曾在长达半个多世纪的日子里,以汉口为中点,一分为二,北南两段。中华人民共和国成立后,我国就兴建重大交通工程——武汉长江大桥。1957年,毛泽东挥笔写下著名诗句"一桥飞架南北,天堑变通途"。自此,隔江相望半个世纪的北南两条铁路终于实现了历史性对接。

该桥的重要意义在于,将京汉铁路与粤汉铁路相连为京广铁路,形成中国最长的南北铁路大通道。该铁路与后来建设的汉丹铁路、武九铁路连接,奠定了武汉作为中部地区重要铁路枢纽的地位。

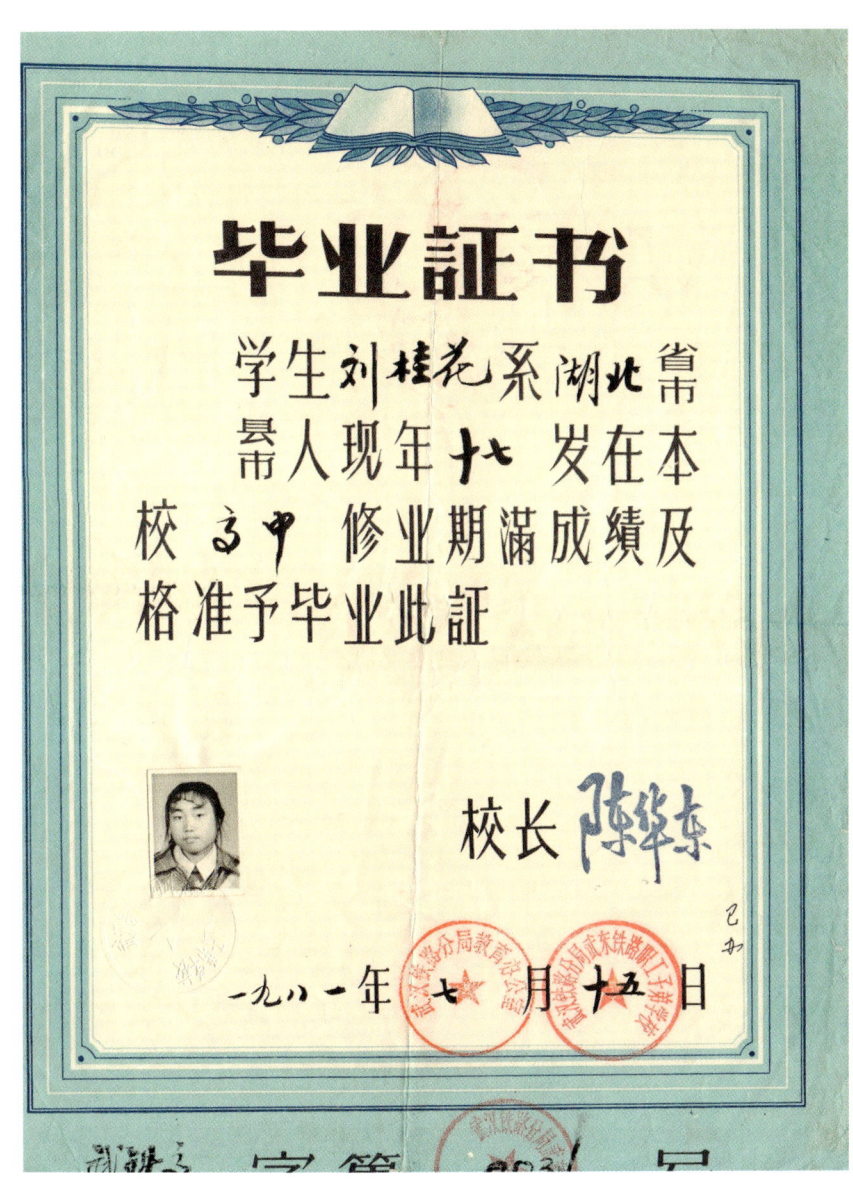

武汉铁路分局武东铁路职工子弟学校毕业证书

武汉铁路分局武汉铁路职工子弟学校　该校是一所初级中学，隶属郑州铁路局武汉铁路分局。其于1973年9月应武昌东站、武昌东车务段等单位的要求创建，始为武汉铁路分局武东铁路职工子弟学校，1984年6月1日经郑州铁路局教育处决定改为武汉铁路职工子弟学校。

由该校颁发的毕业证书边框为蓝色，上方中央是翻开的书籍摆放在蓝色叶子上，左下方贴有学生照片，并盖有钢印，下方是骑缝线和骑缝章。证书内容为：学生刘桂花，17岁在本校修业期满，成绩及格，准予毕业，校长陈华东，1981年7月15日。

铁道部大桥工程局干部学校　铁道部大桥工程局建于1953年4月，位于武汉市汉阳区鹦鹉大道448号。为迅速培养一支能承担大型桥梁施工的专业队伍，1953年成立衡阳职工训练班，1954年将该班扩建为局职工技术学校，1955年又改称局职工学校，1959年改为干部学校。1959年颁发的毕业证书恰好处在学校改名时期，所以证书上出现了将"局职工学校"划除，重新印上"干部学校"字迹的历史一幕。

毕业证书内容为：学员在本校初中班学习期满，经考试合格准予毕业，时间是1959年7月24日。证书右侧有编号"武桥校字第00351号"，并盖有学校红色印章及"武汉市教育局"印章。

铁道部大桥工程局干部学校毕业证书

河南——火车拉来的一座城

郑州，位于全国路网中心，是我国国家地理运输的战略中心，素有"中国铁路心脏"之称。1949年，郑州铁路管理局应运而生，是新中国最老的一批铁路局之一。其在境内所拥有的陇海铁路、京广铁路两大动脉，让郑州一直处于全国铁路交通枢纽地位。而在郑州发展的过程中，铁路一直扮演着关键角色，也因此被称为"火车拉来的城市"。在现今遗存的河南铁路学校毕业证书中，关于郑州铁路学校的最为多见，由此可见当年郑州作为中国铁路中心、郑州铁路局作为中国铁路大局的重要地位。

学为万人役，行率天下先——蔡家坡铁路扶轮中学（郑州扶轮中学） 郑州扶轮中学源于1929年创建的平汉铁路郑州扶轮中学，1930年改为铁道部部立郑州扶轮中学。抗日战争爆发后，学校于1938年开始先后辗转于西安、汉中、堡城张寨，经过5年的颠沛流离于1942年迁至陕西省蔡家坡龙泉寺。1942年、1949年蔡家坡铁路扶轮中学毕业证书，便是那个时代的有力见证。

1950年，国家决定把雄踞蔡家坡的郑州扶轮中学更名为蔡家坡铁路子弟中学，并隶属于铁道部郑州铁路管理局管辖。1952年，原郑州扶轮中学的部分教师回到郑州，在东三马路原扶轮中学旧址重建郑州铁路职工子弟中学，简称郑州铁中。其间，学校曾设立三个分校。1953年在开封设分校，1955年独立为开封铁中。1954年设立新乡分校，1955年独立为新乡铁中。1957年学校由东三马路迁到陇海东路187号现址。1962年再在郑州设立分校，1963年独立为郑铁二中。同时"郑州铁中"改名为郑州铁路一中。1987年经省教委批准撤销初中部，1989年过渡为高级中学。

郑州铁路卫生学校 1952年，郑州铁路卫生学校成立。1954年，按铁道部命令，该校与天津、济南铁路卫生学校合并成为铁道部郑州卫生学校。1958年，升格为郑州铁道医学院。1963年，恢复为郑州铁路卫生学校。1999年郑州铁路卫生学校撤销，参与合并组建郑州铁路职业技术学院。

由郑州铁路卫生学校颁发的毕业证书内容为：学生董紫芝系河南省成皋人，现年20岁，在本校护士班第二期学习二年期满，成绩及格，准予毕业，此证。

毕业生照片的右下角盖有郑州铁路卫生学校的圆章，证书左侧的年份上盖有郑州铁路管理之方印。证书的正上方是铁路路徽标志，两侧各有两面红旗。值得一提的是，此证书还有存根，存根与证书主体连为一体，填写一份证书和存根后，在存根和证书的中间连线处编号、盖章，然

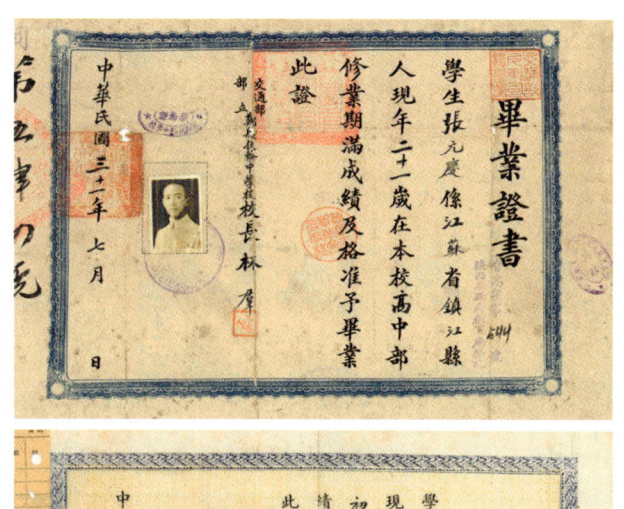
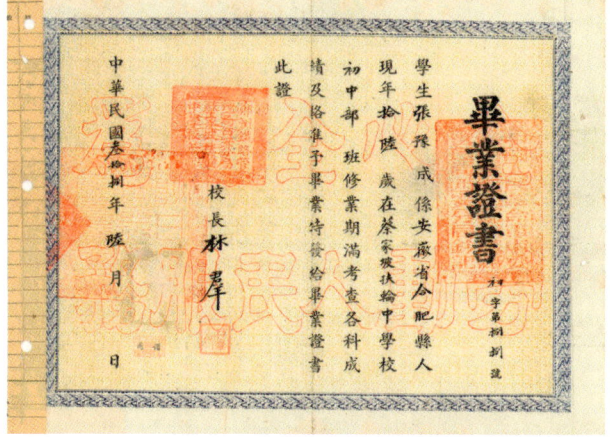
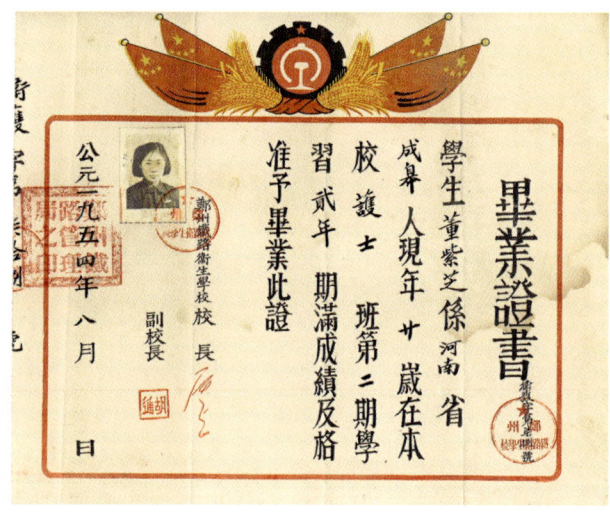

后从连线处撕下，存根和证书都存在编号和盖章的半边字迹，以便核对。

郑州铁道学院　提及郑州铁道学院，还得从创建于1951年的郑州铁路管理局中级技术学校说起。该校位于当时的河南省省会开封，开设有运转、商务、机车、建筑、工程、桥梁等专业。1953年初，学校迁址至郑州，改称郑州铁路学校，校长为范致远，书记为王剑平。1955年，郑州铁路管理局中级技术学校更名为郑州铁路运输机械学校。1958年，升格为郑州铁道学院。

出自郑州铁道学院的毕业证书，内容为：学生李丙炎，河南省郾城县人，24岁，1960年秋季入本院机械系学习车辆专业，现已学完全部课程，经毕业考试，成绩及格，准予毕业，时间是1963年7月15日，并印有"郑州铁道学院"红色印章。

郑州铁路管理局郑州工人技术学校　中华人民共和国成立后，铁路急需机车乘务人员，1951年机车乘务专修班（后改为司机养成所）在开封市旗纛街成立，招收学员800人，是郑州铁路管理局中级技术学校的附属学校。1953年中级技术学校迁郑后学校独立，改名为郑州铁路管理局技工学校（1956年改名为开封铁路技工学校，1959年改名为职工学校，1962年精简机构时被撤销）。1954年筹建郑州铁路司机学校，1956年4月正式成立，校名改为郑州铁路工人技术学校。

郑州工人技术学校的毕业证书内容为：学员郝益之，22岁，在我校值班员班学习期满，成绩及格，准予毕业，1957年5月1日，并盖有学校的印章；证书右侧是学生的成绩及委员会评审意见。

蔡家坡铁路扶轮中学（郑州扶轮中学）毕业证书
郑州铁路卫生学校毕业证书

郑州铁道学院毕业证书

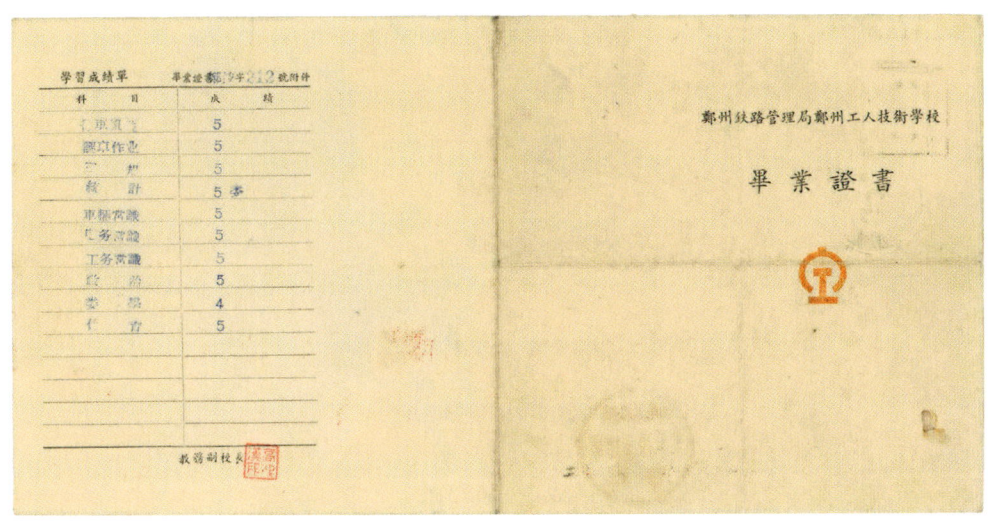

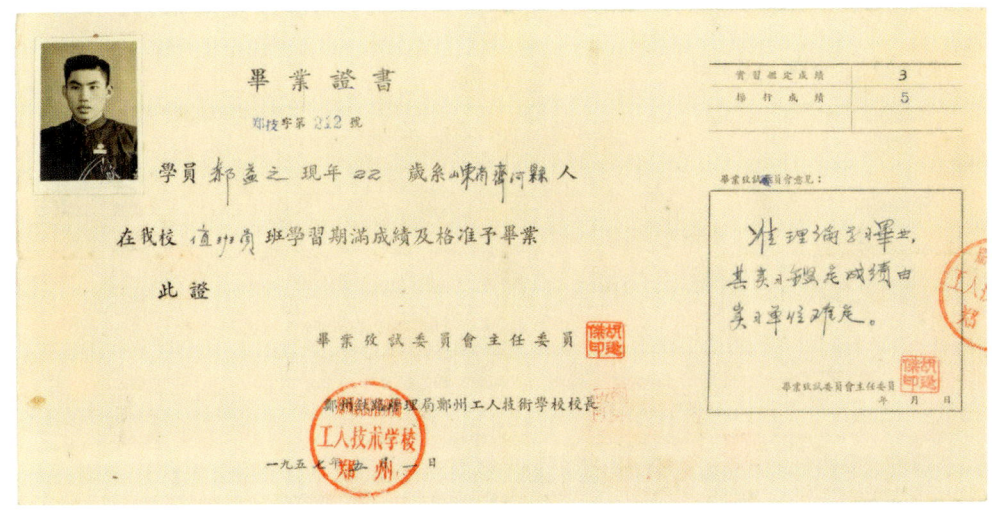

郑州铁路管理局郑州工人技术学校毕业证书

上海——巍巍学府人才辈出

江苏——苏南苏北两大枢纽

浙江——浙赣铁路述说传奇

江西——赣江之边车轮滚滚

山东——翻开胶济这部大书

华东

铁路串起长三角

沪宁、沪杭铁路的开通，深深改变了江南。风雨苍黄，它们沉淀了中国近现代史上铁路的百年光阴，折射着历史车轮的回响。上海开埠前，江南内贸、外贸物流的集散地是苏州，上海开埠后转移到上海。现在，这两条从上海伸进长江三角洲的铁轨，就像两条丝线，把传统的江南富庶之地串联了起来。有人评价，没有沪宁、沪杭铁路便没有长三角。

毫无疑问，铁路在当中功不可没。中华人民共和国成立后，华东地区是我国经济最发达的地区之一，铁路作为交通运输业的骨干和国民经济的基础设施，对该地区经济发展起到了重要作用。随着该地区经济的迅速腾飞，铁路运输的作用也日趋显著。尤其是在"七五"期间，"中取华东"更成为铁路建设的三大战役之一。

与强大的经济实力相对应的是，华东地区有着较高的教育水准，也因此孕育了一批名校。上海交通大学、上海铁道学院等与铁路相关的院校在热火朝天的铁路建设中应运而生。

上海——巍巍学府人才辈出

这里有中国第一条营运铁路——吴淞铁路，即后来淞沪铁路的前身。它和上海风雨同舟140余年，在沧海桑田的巨变之中，见证了上海开埠后的荣辱兴衰，也经受了淞沪会战炮火的洗礼。

解放后，铁路迅速发展，面貌日新月异。20世纪五六十年代，改造完成沪宁、沪杭线编组站，新建南何、南新、新闵等支线，新建南翔编组站、南翔机务段、上海车轮工厂等，这些项目的建成，使上海铁路相连成网，初步形成了上海铁路枢纽框架。

众所周知，上海是中国新教育思想的重要发源地，也是教育改革的先行者。这里矗立着上海交通大学、同济大学等历史悠久的学校。就在上海铁路大兴土木之时，动力机械、土木建筑、有线电信……从这些专业毕业的莘莘学子们成为了铁路事业发展的亲历者和见证者。

交通大学 交通大学为我国综合性研究型一流大学系统名称,起源于1896年创办的南洋公学与山海关北洋铁路官学堂。19世纪末,甲午战败,民族危难。1896年,中国近代著名实业家、教育家盛宣怀在上海创办了南洋公学,清朝直隶总督兼北洋大臣王文韶奏设成立山海关北洋铁路官学堂,这两脉即为国立交通大学的最早源头。

交通大学是中国近代教育史上建校最早的高等学府之一,在120多年的办学历程中,形成了优良的校风、学风和光荣的传统,在20世纪二三十年代已成为饮誉海内外的综合性著名高等学府,沪校(今上海交通大学)被誉为"东方MIT",唐校(今西南交通大学)被誉为东方"康奈尔"。

1953年颁发的交通大学毕业证书四周为红色边框,底纹为黄色斑点花纹,中间印有"为人民服务"五个大字。值得注意的是一张证书内容中印有说明:奉中央人民政府教育部规定"解放前敌伪及国民党反动派统治时期的毕业生证书概不颁发",兹为照顾上述时期毕业生之需要特由校印发此项毕业证书以资应用。

1959年上海吴泾线留念
交通大学毕业证书

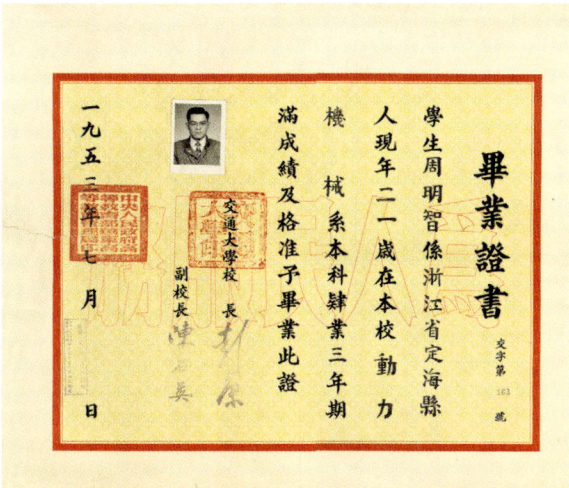

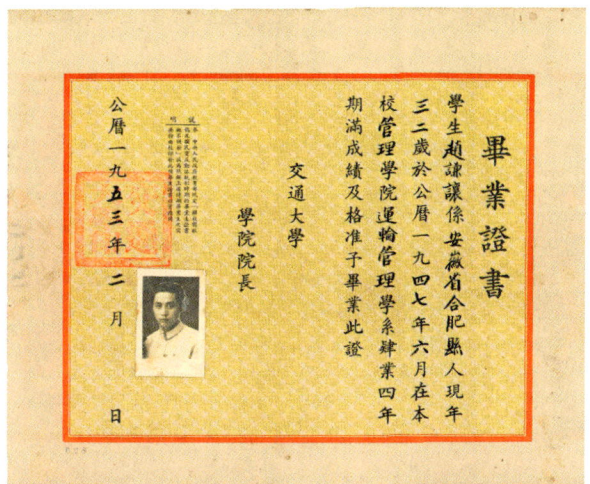

同济大学 用"历史悠久""声誉卓著"来形容同济大学,一点亦不为过。它是中国最早的大学之一,也是教育部直属并与上海市共建的全国重点大学。经过110年的发展,同济大学已经成为一所特色鲜明、具有国际影响力的综合性、研究型、国际化大学,综合实力位居国内高校前列。

同济大学的前身是1907年德国医生埃里希·宝隆在上海创办的德文医学堂,翌年改名同济德文医学堂。1912年与创办不久的同济德文工学堂合称同济德文医工学堂。

1949年5月27日,上海解放;6月25日,上海市军管会接管同济大学。中华人民共和国成立后,该校为高教部直属院校。1952年院系调整后,同济大学成为国内土木建筑领域最大、专业最全的工科大学。

1954年7月,福建宁化人张耀仁从同济大学毕业,并获得由该校颁发的毕业证书。当时,张耀仁21岁,在该校铁路系专科铁路建筑专业肄业二年期满,成绩及格,准予毕业,这张毕业证书上印有"同济大学"和"华东行政委员会高等教育局"红色印章。

同济大学毕业证书

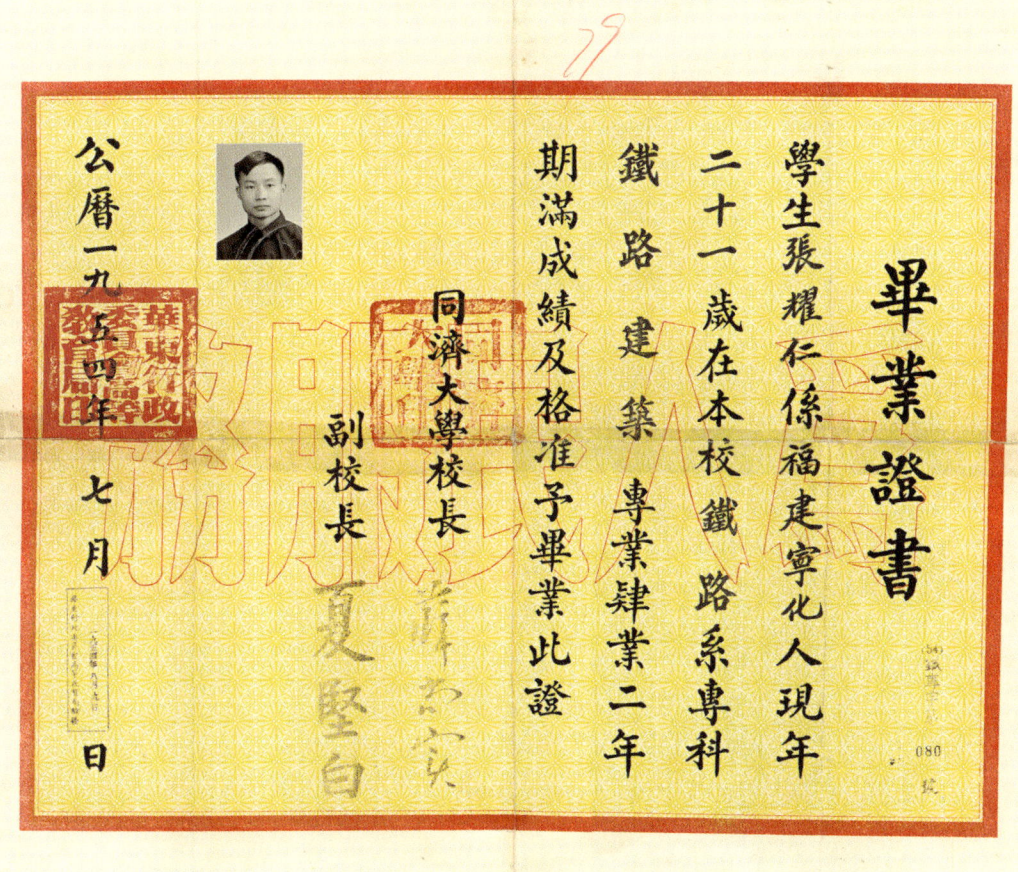

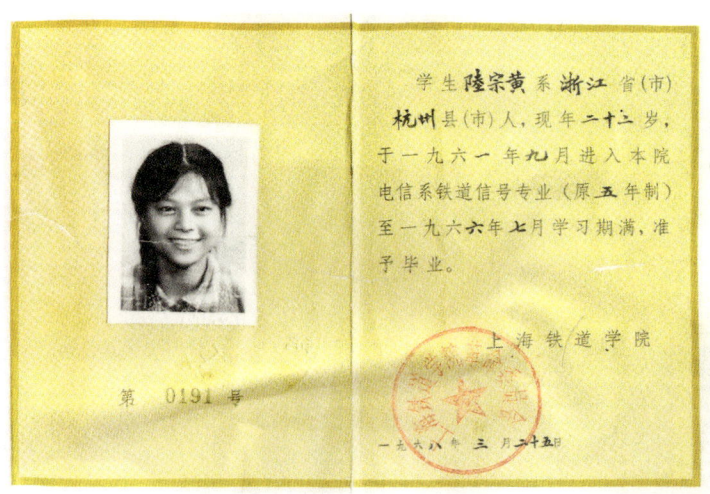

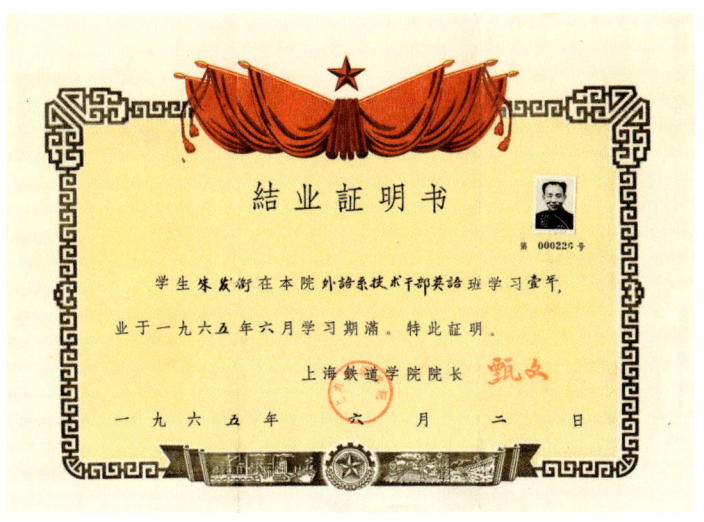

上海铁道学院毕业文凭及结业证书

上海铁道学院 一份出自上海铁道学院的毕业文凭，颁发时间为1968年3月25日。其内容显示，学生陆宗黄系浙江杭州人，现年22岁，于1961年9月进入本院电信系铁道信号专业（原五年制）至1966年7月学习期满，准予毕业。

而在此之前，该学院的毕业证书略显不同。比如1964年7月颁发给学生戴月萍的毕业文凭，无论是封皮还是内页，都不一样。该文凭内容为：戴月萍，江苏省滨海县人，21岁，于1960年8月入本院铁道有线通信专业学习，现已学完全部课程，成绩及格，准予毕业，院长甄文。盖有"上海铁道学院"红色印章。

其实，毕业证书是一所学校历史变迁的最好物证。1951年，上海铁路专科学校创建，1952年改建为上海铁路管理局中级技术学校，后更名为上海铁路学校，1956年更名为上海铁路电信信号学校，1958年创建上海铁道学院，同年上海铁路电信信号学校并入，1959年南京铁道学院运输系并入。

1971年上海交通大学内燃机等专业、同济大学铁道工程专业并入上海铁道学院，同时经中央批准更名为华东交通大学，并由上海迁址江西南昌。1978年华东交通大学南昌部分为华东交通大学，上海部分复名为上海铁道学院。1995年上海铁道学院与上海铁道医学院合并组建上海铁道大学。2000年经教育部批准上海铁道大学整建制并入同济大学。

上海铁路管理局中级技术学校 1952年7月，上海人邹君辉从上海铁路管理局中级技术学校毕业。当时，19岁

上海铁路管理局中级技术学校毕业证书

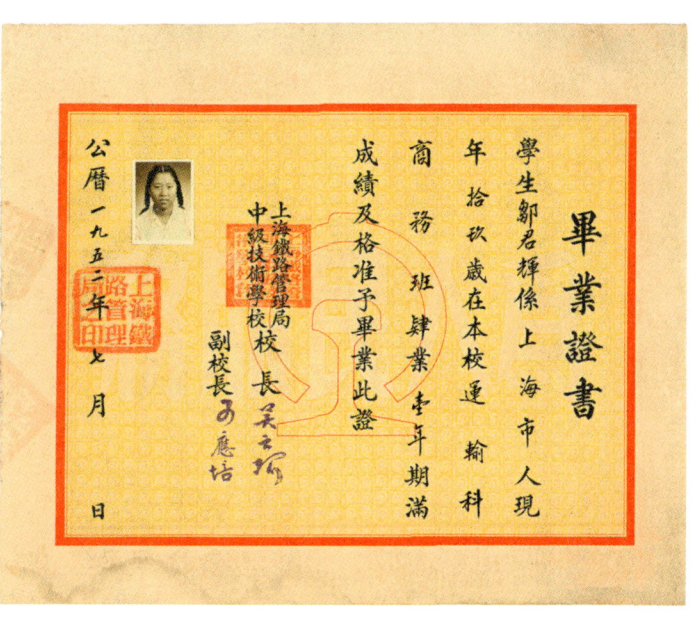

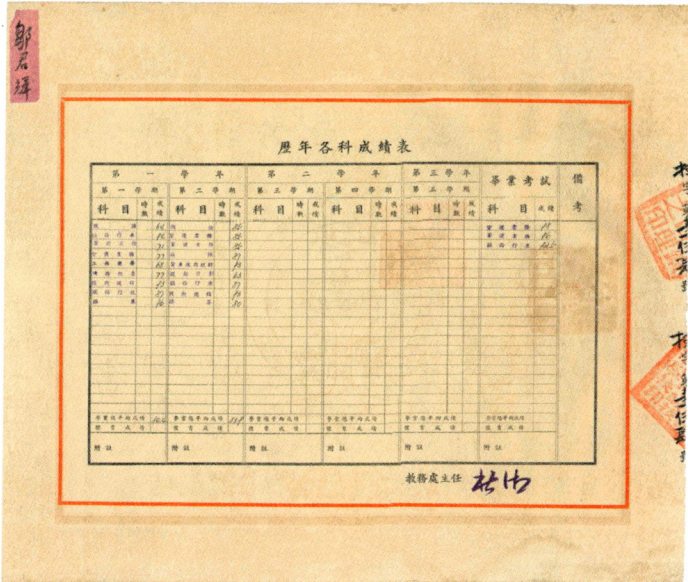

的邹君辉在该校运输科商务班肄业一年期满，成绩及格，准予毕业。该毕业证书四周为红色边框，底纹为黄色斑点花纹，中间印有铁路路徽，并盖有"上海铁路管理局"红色方印。

华东军政委员会交通部交通运输干部学校　该校于1947年创办于莱阳，由华东军区兵站部工训大队扩为交通学校。1948年10月迁济南更名华东交通专科学校，1949年南下师生组建新的华东交通专科学校，归属华东军政委员会交通部，由部长兼党委书记黄逸峰（又名黄承镜）兼任校长。这一年10月，济南本校并入山东工业专科学校。

1941年3月，经陈毅等介绍，黄逸峰奉命成立新四军联抗部队，担任司令员兼政委。1947年，鉴于黄逸峰是党内少有的熟悉铁路业务的人才，他被调派到东北铁路部门工作，担任东北人民解放军铁道纵队司令员，为修复东北铁路、配合辽沈战役立下了特殊功劳。上海解放后，他负责接手上海铁路，出任第一任上海铁路局局长，后调任华东军政委员会交通部部长兼党组书记，并兼任下属的华东交通专科学校校长。

华东军政委员会交通部交通运输干部学校证明书为信笺式样。其内容为：学员吴焕度现年20岁，江苏省常州市人，于1952年8月参加本校政治学习期满，特此证明。

华东军政委员会交通部交通运输干部学校证明书

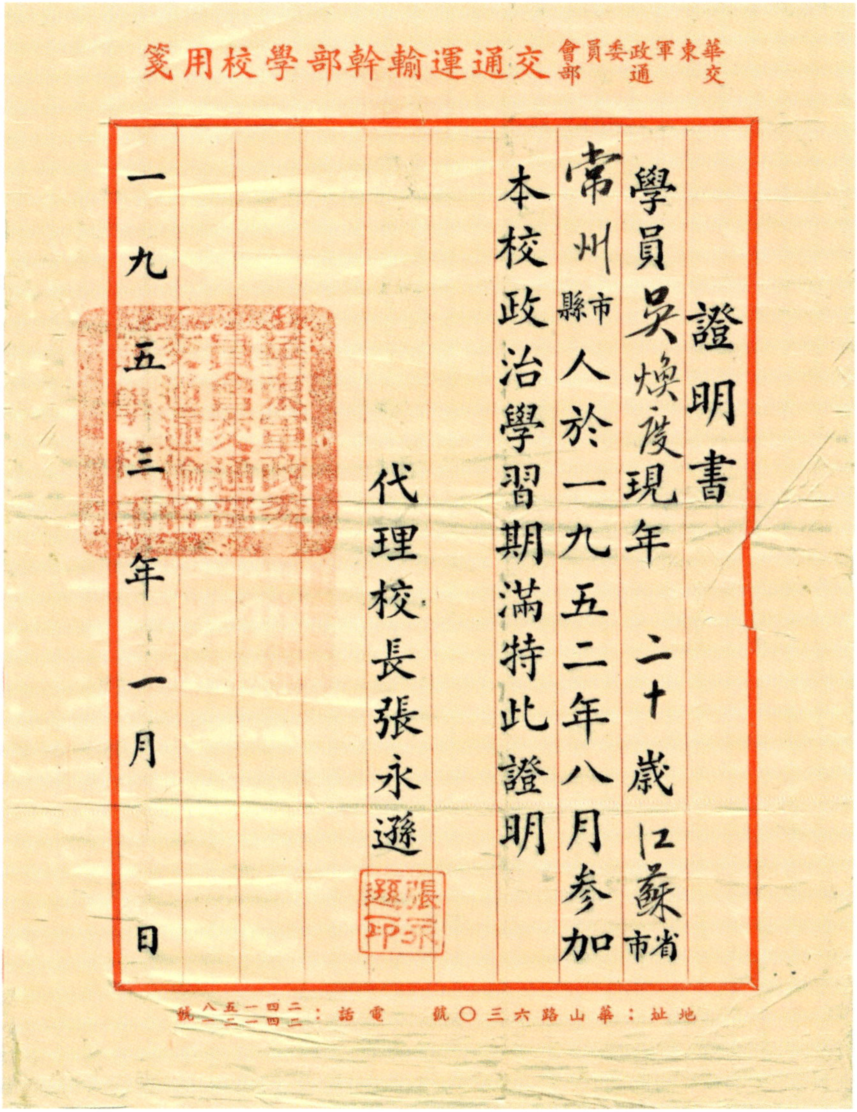

华东交通军政委员会
交通运输部干部学校用笺

證明書

學員吳煥度現年二十歲江蘇省常州縣市人於一九五二年八月參加本校政治學習期滿特此證明

代理校長 張永遜

一九五三年一月　日

地址：華山路六三〇號　電話：二四一五八 二四一二一

在中国交通史上,素有"徐州通,则全国通"的说法。这主要是由徐州占据的地理位置所决定的。徐州地处苏、鲁、豫、皖四省接壤地区,拥有承东接西、沟通南北、双向开放、梯度推进的战略区位优势。徐州枢纽位于京沪、陇海两大铁路干线交叉处。从留存至今的老照片中,我们即可窥见当年徐州车站繁忙的景象。

江苏——苏南苏北两大枢纽

一条沪宁线,半部铁路史。1908年,沪宁铁路全线通车。100多年来,它见证了中国铁路从战火硝烟中奔向复兴的历史。沪宁线除了上海、无锡、常州、苏州、南京等大站之外,望亭、奔牛、戚墅堰、龙潭等也成为江苏人熟悉的名字。

中华人民共和国成立后,沪宁、津浦铁路双线建设开始动工,双层式公铁两用桥——南京长江大桥也动工建设。其实,江苏铁路有两大枢纽——南京和徐州。南京枢纽位于京沪、宁芜铁路交会处,南京东站被誉为华东地区最大的"列车加工厂"。而在中国交通史上,素有"徐州通,则全国通"的说法。徐州枢纽位于京沪、陇海两大铁路干线交叉处,如今的徐州北站历经百年,已是亚洲第二编组站。

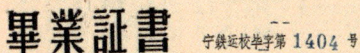

南京铁路运输学校毕业证书

南京铁路运输学校 该学校始建于1941年南京特别市立第一职业中学，1945年更名为南京市立第一职业学校。1947年又更名为南京市立商业学校。1950年，更名为南京市立财经学校。1953年，与私立常州城北商业学校中技班和上海轻工业学校会计科合并更名为南京工业会计统计学校，隶属轻工业部。1955年，学校划归铁道部，更名为南京铁路运输学校。1958年，扩建为南京铁道学院，保留中专部。1959年，撤销南京铁道学院建制，复名南京铁路运输学校。至2002年，经江苏省人民政府批准成立南京铁道职业技术学院。2004年3月，学院成建制由铁道部划转江苏省地方管理。2019年7月，被教育部认定为国家优质专科高等职业院校。这是1964年南京铁路运输学校颁发给学生俞显宏的毕业证书。

戚墅堰机车车辆修理工厂职工业余政治学校　该学校的创立，与沪宁铁路还有一段渊源。1898年，晚清政府在修筑沪宁铁路的同时，为了使沪宁铁路有一个制造、检修铁路机车车辆的工业基地，从而建造了吴淞机厂（南车戚墅堰机车有限公司前身）。1936年，日本入侵上海，当时的国民政府出于国防考虑，将吴淞机厂迁至常州戚墅堰，并更名为戚墅堰机厂，为常州第一个大型近代化工厂。1937年，常州及戚墅堰机厂被日军侵占，戚墅堰机厂更名为武进工场，1938年12月又更名为常州工场。1945年，日军投降，工厂恢复戚墅堰机厂原名，归属京沪区铁路管理局管辖。1949年，戚墅堰机厂更名为戚墅堰铁路工厂。1953年，戚墅堰铁路工厂更名为戚墅堰机车车辆修理工厂。1958年，戚墅堰机车车辆修理工厂更名为戚墅堰机车车辆工厂。

铁道部戚墅堰机车车辆修理工厂职工业余政治学校颁发的学习证书编号为00566号，其内容显示：吕惠兴同志参加职工业余政治学校学习，考试及格，特给此证，校长罗烈保，时间为1954年1月4日。

时间到了2000年，中国机车车辆工业与原铁道部脱钩，戚墅堰机车车辆厂划归中国南方机车车辆工业集团公司，更名为中国南车集团戚墅堰机车车辆厂。2007年，戚墅堰厂一分为三，一是成立南车戚墅堰机车有限公司；二是成立长江公司常州分公司；三是存续企业。2008年，南车戚墅堰机车有限公司正式按照新的组织架构运行。2015年9月，由原中国南车集团公司和中国北车集团公司重组合并而成的中国中车集团公司正式宣告成立，更名为中车戚墅堰机车有限公司。

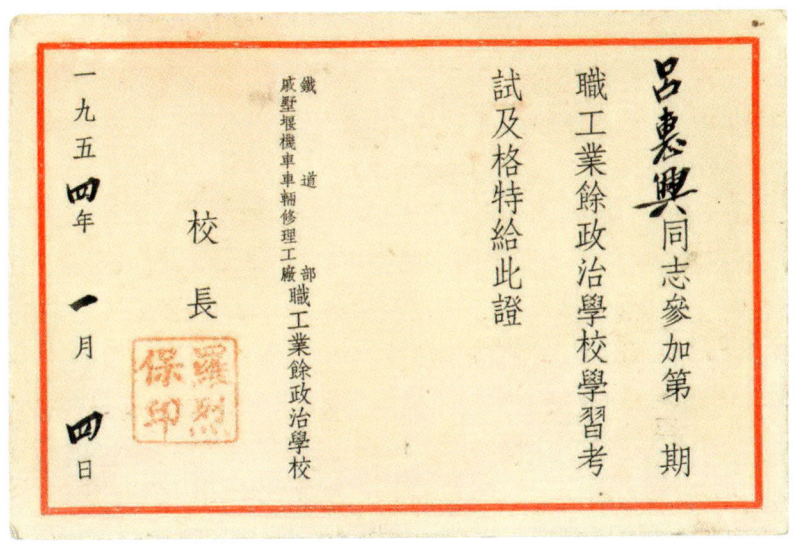

戚墅堰机车车辆修理工厂职工业余政治学校学习证书

浙江——浙赣铁路述说传奇

沪昆铁路如今是全国"三横"铁路干线网中的"一横",但并不是一次性修建成的,而是在2006年应第六次铁路大提速需要,由原沪杭铁路、浙赣铁路与湘黔铁路、贵昆铁路四条路线合并而成,其中,又以浙赣铁路的经历最具传奇色彩。

1937年9月,总长1231公里、横跨浙赣湘三省的浙赣铁路建成贯通,成为当时长江以南唯一东西向跨省铁路。抗日战争时期,浙赣铁路是部队给养、物资、兵力运输及安全撤离、转移的大动脉,它也因此成为敌我双方争夺的咽喉要道。而说到浙赣铁路,就不能不提钱塘江大桥。1937年,中国人自行设计建造的第一座现代化公铁两用桥——钱塘江大桥建成通车。它的建成,将沪杭、浙赣铁路连为了一体。

1945年日本投降后,浙赣铁路局于9月派员随中国军队接管浙赣线,并着手战后修复。本部分展示的即为20世纪40年代由浙赣铁路局颁发的毕业证书。尽管时间已过去70多年,但它们仍然无声地述说着当年的传奇故事。

交通部部立玉山扶轮中学 1949年玉山扶轮中学颁发的毕业证书,尽管纸已发黄,但却无声地述说着当年的往事。

交通部部立玉山扶轮中学创办于抗日战争时期。为躲避日机的空袭,1940年2月,浙赣铁路局教育委员会移至江西玉山办公。面对铁路职工子弟均遭失学之苦的情况,当时的浙赣铁路局副局长吴兢清主持筹办了浙赣铁路玉山员工子弟中学,校址设在玉山城内黄家祠堂。1941年9月,日机深入轰炸,学校又迁入离城15里的小集镇容溪。1947年8月迁回黄家祠堂原址,改名为浙赣铁路玉山扶轮中学,并增设高中部,成为一所完全中学。1951年9月,学校迁到南昌,易名南昌铁路职工子弟中学。1972年,南昌铁二中成立,遂定名为南昌铁路第一中学。

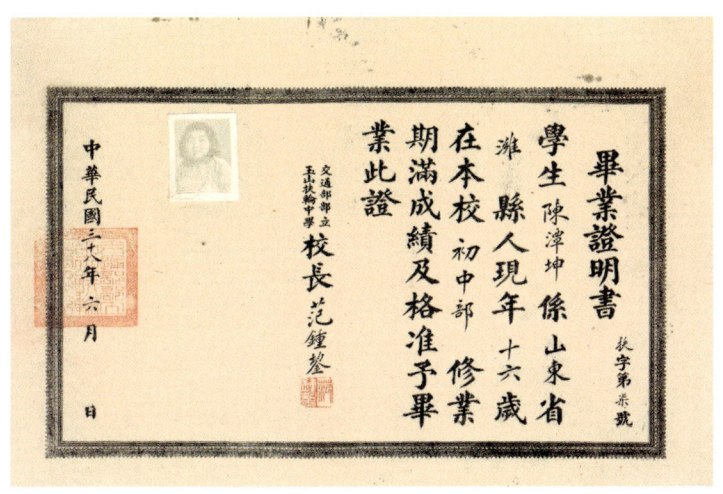

交通部部立玉山扶轮中学毕业证书

杭州铁路职工子弟第一小学 该校系1950年由浙赣铁路城站员工子弟小学与沪杭铁路职工子弟小学合并而成。由于该校办学规模与教育质量在路局和杭州市区都有一定知名度，曾被上海路局确定为重点学校，1959年被杭州铁路局评为"红旗学校"。

一张来自杭州铁路职工子弟第一小学的毕业证书，内容为：学生朱学文，系江苏省赣榆县人，现年12岁，在本校高级部修业期满，成绩及格准予毕业，校长陈燕英，1952年7月15日。

萧山铁路职工子弟小学 萧山铁路学校建于民国三十七年（1948年）2月。当时为4个班，约130名学生。解放后，由萧山老街迁入城厢镇城北路35号。占地9.65亩，校舍面积3437.5平方米。1949年仅有4个教学班，1969年始招初中班，1981年小学部11个班。1984年后，小学班级数逐减，初中部增加。至1995年初中班学生全部毕业，后停办，小学尚存6个班、183名学生。

一张1956年颁发的萧山铁路职工子弟小学的毕业证书边框格外精美，下部中间是代表教育的书籍图案，两侧边框则是由工厂、大坝、麦田等蒸蒸日上的建设场景组成。证书内容显示：学生李小马14岁在本校高级修业期满，成绩及格准予毕业。1956年7月5日。

杭州铁路职工子弟第一小学毕业证书
萧山铁路职工子弟小学毕业证书

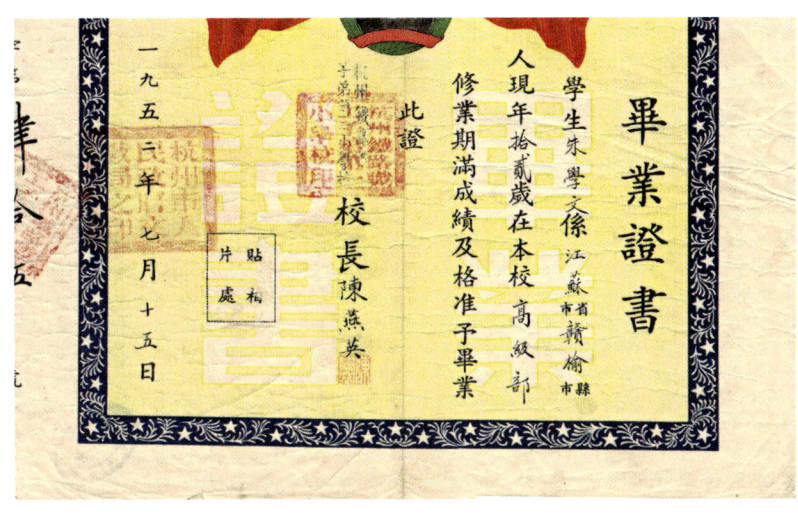

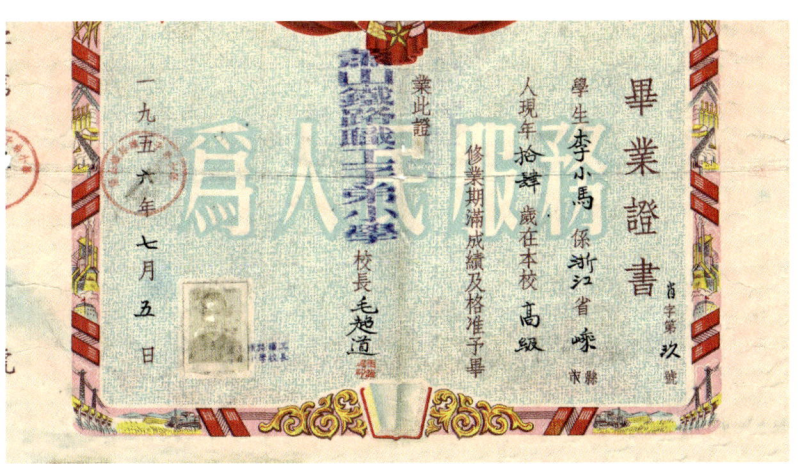

江西——赣江之边车轮滚滚

1916年5月,费时10年的"南浔铁路"全线贯通,铁路始自南昌赣江北岸牛行,终点在长江南岸九江,全长128公里。从此,南昌有了第一座车站——牛行车站。此后,南昌八一起义、抗日战争均在此地留下浓墨重彩的历史。

而在中华人民共和国成立初期,从南昌去九江,要先坐班车过江,到牛行车站乘火车走南浔线到九江。因为南昌是江西的政治经济中心,所以铁路部门将南昌南站列为头等站。此后,南昌南站在南昌铁路运输史上逐渐扮演着越来越重要的地位,渐渐演变成我们今天熟悉的南昌火车站。此后,外福铁路、横南铁路、京九铁路等相继开通运营,共同见证了江西铁路事业的腾飞。

交通部部立玉山扶轮中学 该中学成立于1947年，隶属于江西铁路成立的铁路子弟中学，前身是1940年成立的浙赣铁路玉山员工子弟中学。1950年迁至南昌，更名为南昌铁路第一中学。

交通部部立玉山扶轮中学颁布的毕业证书内容显示：学生陈潭坤16岁在本校初中部修业期满，成绩及格准予毕业，校长范钟銮，民国三十八年六月。

中共南昌铁路分局党委会党员训练班 出自该训练班的结业证书有封皮和内文两个页面。证书内容为：学员刘德钧，现年27岁，系山东省泗水县人，在本班第二期学习期满，准予结业，此证，1951年7月14日，印有"中国共产党南昌分局党委会上海铁路局"红色印章，并附带在学习中的体会。

1950年7月1日，南昌铁路办事处撤销，成立南昌铁路分局，隶属上海铁路管理局。分局长由上海铁路管理局副局长栗培元兼任。同年7月成立中共南昌分局委员会，书记由栗培元兼任，党委设政治处，下设办公室、组织科、宣传科。

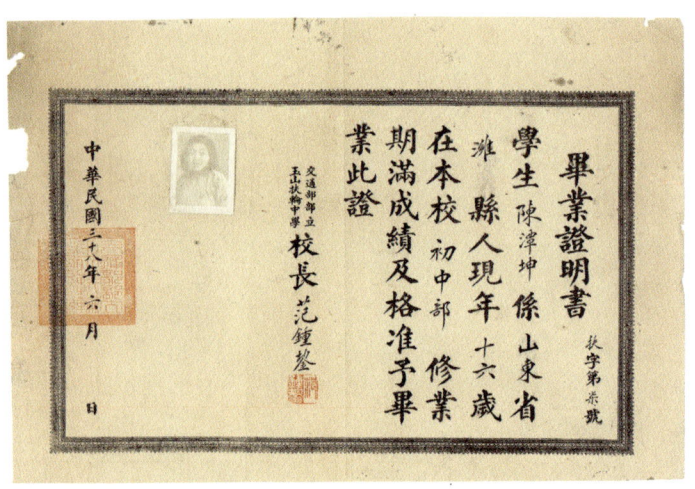

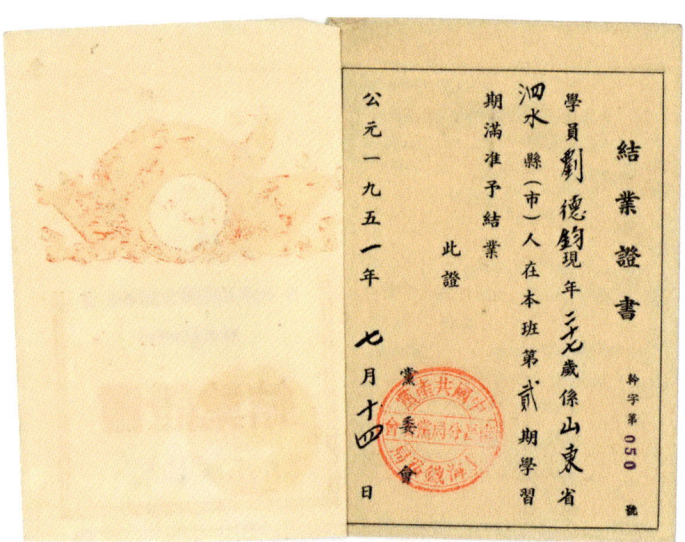

交通部部立玉山扶轮中学毕业证书
中共南昌铁路分局党委会党员训练班结业证书

南昌铁路局向塘职工中学 该校颁发的毕业证书为红色花纹边框,四角镶嵌红色五角星,证书上方中央是立体的五角星,左侧有骑马缝和骑缝章。证书内容为:学生张秉奎系江苏省上海县人,现年41岁,在本校财务班修业期满,成绩及格,准予毕业,校长徐成龙,时间是1962年5月30日。

向塘职工中学地处江西南昌市郊向塘镇,是一所全日制完全中学,直属上海铁路局南昌铁路分局领导。该校始建于1960年9月,当时为小学附属初中班,到1965年9月与小学分开办学,成立向塘铁路初级中学。1972年1月开始招收高中生,遂成为一所完全中学。

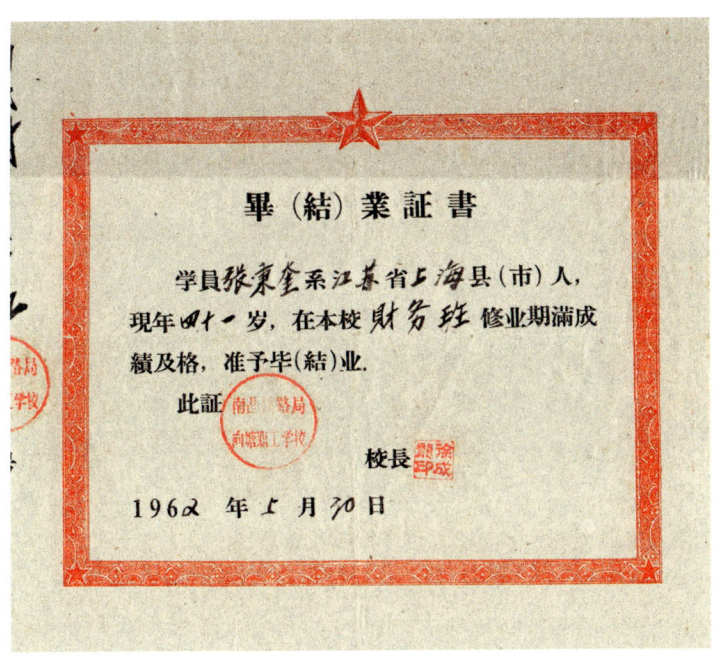

南昌铁路局向塘职工学校毕(结)业证书

山东——翻开胶济这部大书

117 年前,1904 年 6 月 1 日,胶济铁路全线通车,实现了从青岛到济南的时间从十天缩短至十二个小时的创举,不仅载入山东史册,也载入了中国铁路史册。

胶济铁路如同一部大书,一部跨越晚清、北洋政府、南京国民政府、中华人民共和国的大书,写满百年风雨沧桑。作为当时最先进的运输方式,铁路对于习惯传统交通方式的普通中国百姓的影响,是我们今天无法想象的。如今,这条百年铁路在历经多次改造、提速后,仍然在交通运输领域发挥着重要的积极作用。胶济铁路给予青岛、济南两地,以至整个山东的影响依然在继续。这里展示的毕业证书来自 20 世纪 50 年代的济南、青岛铁路机构和学校,也是中华人民共和国成立后山东铁路发展的一个缩影。

济南铁路管理局 1948年11月,济南军管会在济南成立华东区铁路管理总局。1949年4月,华东区铁路管理总局改称济南铁路管理局,同时建立济南铁路管理局政治部。济南铁路管理局管辖范围为津浦铁路德州(不含)以南至浦口区段,陇海铁路徐州至连云港区段,胶济铁路、淮南铁路全线及上述铁路区段内的支线。

济南铁路管理局颁发的毕业证书背景图为建筑物和"毕业证书"四个大字。学员宋福海,21岁曾入本局人事处主办的电报训练班第一期两个月,学习期满考查成绩及格,准予毕业,时间是1950年3月9日,并印有"济南铁路管理局"红色印章。

从这张毕业证书可以得知,当时的济南铁路管理局局长是陈大凡。其为辽宁省北镇县人。1931年"九一八"事变后参加抗日战争,组织并领导了绥滨县和黑龙江省抗日人民自卫武装,同日本侵略者展开了顽强的斗争。此后他参加了由宋庆龄等组织的反帝大同盟及抗日大同盟、国内和平促进会等组织,组织了东北人民抗敌会,积极开展抗日救亡和抗日统一战线工作,并参加了我党领导的平西游击队的组建工作。

陈大凡历任晋察冀军区六分区军事代表兼军政分校校长、军区独立一旅一团政委、旅政治部主任、晋察冀边区政府粮食局局长、工商局局长、黑龙江省主席及省委常委、北满铁路局局长、济南铁路局局长等职。1953年调任铁道部行车安全监察室主任。陈大凡为中国人民解放事业和人民铁路事业无私地贡献了毕生精力,他的一生是革命的一生,战斗的一生。

济南铁路职工子弟第一小学 该学校源于1918年建立的济南扶轮小学,是济南地区铁路员工同人教育会开办的第一所扶轮小学,现为济南市昆仑小学。1932年,因分校扩充为济南扶轮第二小学(现济南市明珠小学),本校

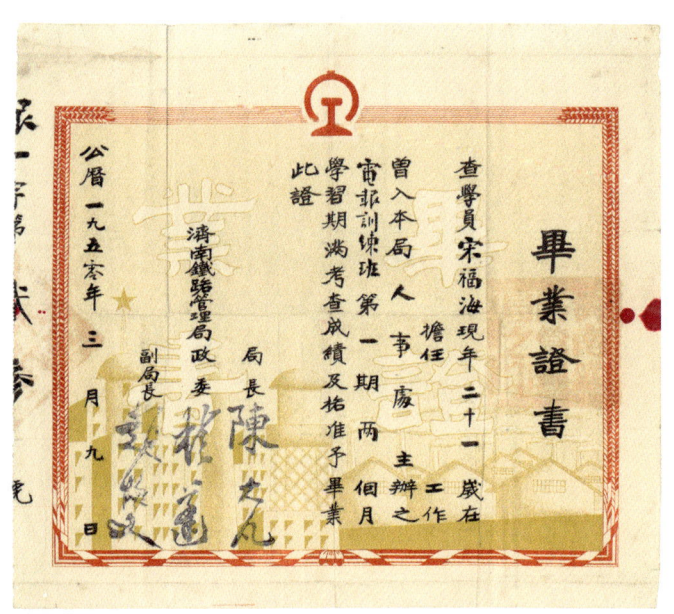

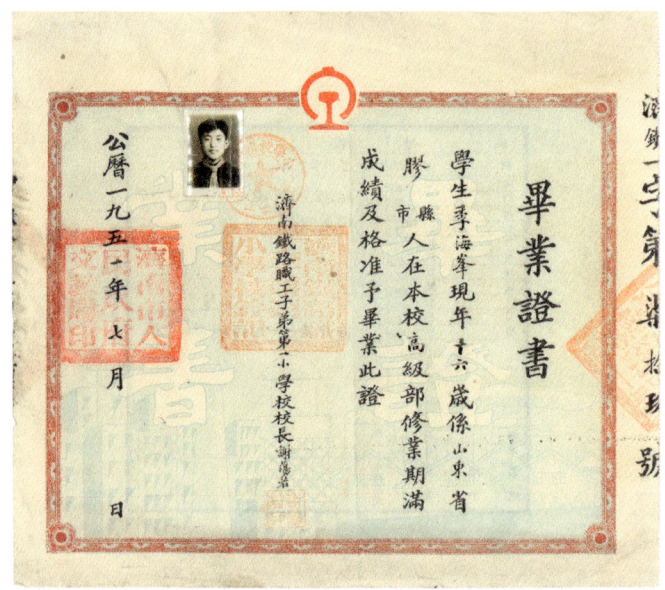

济南铁路管理局毕业证书

济南铁路职工子弟第一小学毕业证书

更名济南扶轮第一小学。

学校经费由津浦路拨款，校长为关培元。1937年济南沦陷后，校舍成为日军营房，后因日军推行奴化教育，强令复课。1939年1月5日，济南铁路管理局厚生科在原校址开办济南铁路管理局扶轮小学，校长为王默萍。1943年，学校更名济南铁路管理局第一扶轮小学。1945年8月，抗日战争胜利，国民政府派员接受并成立"济南区教育局"，学校归育才科管理。1945年年底，津浦铁路局人事处教育科委派校长张尔康接管学校，更名津浦区济南铁路职工子弟第一扶轮小学。

1948年9月济南解放。华东铁路管理局军事管制委员会接管学校，委派侯怀文任校长。中华人民共和国成立后，学校更名济南铁路职工子弟第一小学，受济南铁路教育处管理，教学业务和党团关系归地方，工会归济南铁路分局。1958年，为方便儿童就近入学，在机车工厂红房子宿舍成立分校。1960年7月，济铁一小分校成为济铁七小。1966年底，受"文化大革命"影响，学校工作基本陷于停顿。1967年在六年级未毕业的情况下，继续招收一年级。1978年，中国共产党十一届三中全会后，教学工作恢复正规，工会、共青团、少先队恢复工作，体育工作和校办工厂也有新的发展。2004年元月，学校由济南铁路局划归槐荫区教育局管理，更名济南市昆仑小学。学校先后荣获"山东省规范化学校""山东省艺术教育示范校""山东省电教示范校""济南市新课程改革先进学校""济南市家教先进单位"等荣誉称号。

济南铁路职工子弟第一小学颁发的毕业证书为红色花边边框，学生季海峰16岁，山东省人，在本校高级部修业期满，成绩及格，准予毕业，时间是1951年7月，并印有"济南铁路职工子弟第一小学"和"济南市人民政府文教局"红色印章。

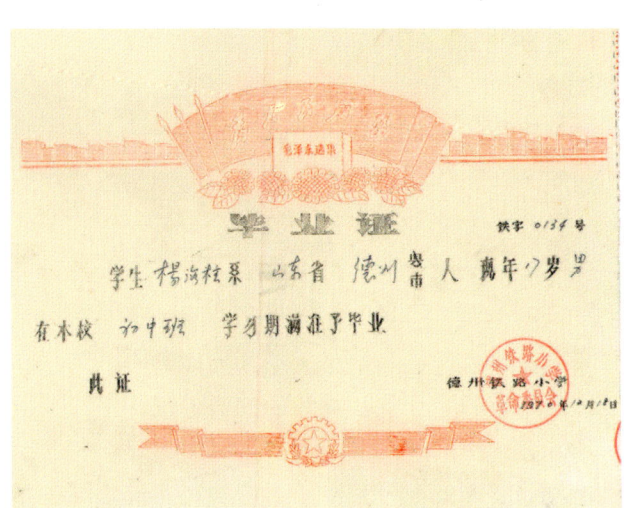

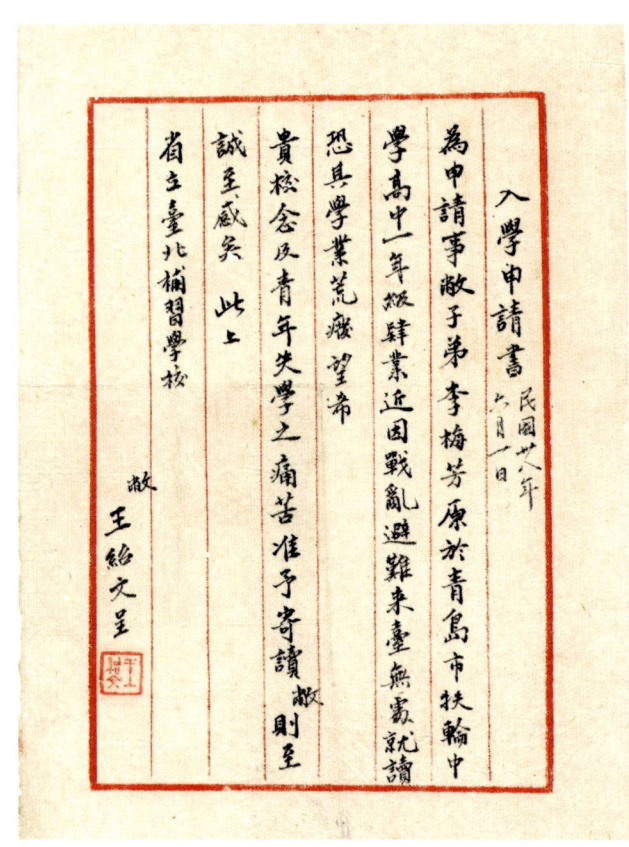

德州铁路小学 山东省德州市人杨海柱系于 1970 年获得德州铁路小学颁发的毕业证书。证书上部是三面红旗，并写有"为人民服务"五个大字，红旗下是由五朵向日葵依托着的《毛泽东选集》。证书内容为：学生杨海柱现年 17 岁，在本校初中班学习期满准予毕业，此证，1970 年 10 月 18 日。值得注意的是，此证所盖印章印有"革命委员会"字样。革命委员会是"文化大革命"期间中国各级政权的组织形式。

1966 年后，德州铁路小学一律改为五年一贯制。1969 年前无统一教材，语文、政治不分，皆学毛泽东同志语录。自 1970 年起开始使用山东省编各科教材。

青岛扶轮中学 这是一份 1949 年入学申请书。青岛市扶轮中学原名叫胶济铁路中学，成立于 1925 年，隶属于胶济铁路管理局。初衷是为了解决铁路沿线职工子女就学问题，设在湖南路 3 号。1927 年迁到广西路 26 号，1931 年 9 月 1 日，青岛铁路中学正式迁入四方，并于 9 月 5 日开学当天举行了落成典礼。此后，青岛铁路中学开始了长达数十年的教育输送。

在这期间，1939 年该校改名为济南铁路局青岛铁路学院，1945 年 8 月该院停办。12 月，南京国民政府派员接收，成立青岛扶轮中学，归交通部管辖。1949 年 6 月青岛解放，学校经接管后，8 月移交铁路局。中华人民共和国成立后，1950 年 1 月 1 日被正式命名为青岛铁路职工子弟中学。1984 年 6 月 7 日改名为青岛铁路职工子弟第一中学。2002 年 12 月，学校由济南铁路局移交青岛市政府，划归市教育局管理。2003 年 8 月 2 日，被正式更名为青岛市第 66 中学。

德州铁路小学毕业证书
青岛扶轮中学入学申请书

广东——血染道钉铸就奇迹

广西——桂中商埠特立独行

华南

两广共饮一江水

旧中国积贫积弱,铁路建设举步维艰。直至 1949 年,广东、广西铁路运营里程分别只有 527 公里、539 公里,而且两广之间也没有一条铁路直通。自中华人民共和国成立后,铁路建设翻开新的篇章。

在"一五"计划期间,湘桂铁路来宾至凭祥段于 1953 年交付运营。凭祥至友谊关铁路于 1954 年建成,1955 年开始办理中越联运,是我国通向东南亚国家的门户通道。在第二个五年计划期间,黎湛铁路开通运营,从而结束了两广地区没有铁路干线连通的历史,华南地区新添一条出海通道。而重新修建的黔桂铁路全线通车,为广西与大西南经贸往来搭建了一条便捷的交通动脉。

其后,广九直通车开行,焦柳铁路、三茂铁路、京九铁路等陆续建成通车,广东铁路向东西南北纵横延伸,拓展完善了路网布局;而南防铁路、钦北铁路和黎钦铁路相继开通,则奠定了广西在西南出海大通道中的交通运输骨干地位。

广东——血染道钉铸就奇迹

"中国铁路之父"詹天佑从这里走出，他以强烈的爱国情怀、超人的胆识、精湛的技艺创造了中国铁路历史的奇迹；"一颗道钉一滴血"，修了近40年的粤汉铁路终于在1936年全线贯通。这是一条继詹天佑之后，又一条由中国工程师自行设计和施工的重要干线。

中华人民共和国成立后，铁路建设百废待兴，而当时的广东铁路营业里程只有561公里，到1978年也仅有1003公里，出省铁路只有一条京广线。为了改变铁路落后状况，1984年，广东铁路运输企业——广深铁路公司成立，1987年广深铁路双线建成通车，从而结束了广东没有复线铁路的历史；1990年三茂铁路全线通车，填补了粤西地区铁路的空白；1991年广梅汕铁路开工，1995年全线贯通，广东全省东西铁路大动脉打通……

广州车站

广州铁路管理局第一职工学校 想了解这所学校,我们需要先知道一段广州铁路管理局的历史。1953年1月1日,广州铁路管理局成立,广州铁路分局改称广州铁路运输分局。1956年2月又改称广州铁路分局。1958年1月1日全国铁路撤销铁路分局建制,广州铁路分局改称广州调度区,仅负责管内的行车指挥。管辖范围为京广铁路北端由广东坪石延至湖南郴县。1958年8月,铁道部根据中共中央批示,决定实行"工管合一"的管理体制,按省(自治区)设局,1959年1月1日起广州铁路局统管广东省境内铁路。1963年4月1日全国铁路恢复铁路分局建制,撤销办事处,成立广州铁路分局。"文化大革命"期间,实行军事管制。1967年11月29日成立广州铁路分局革命委员会,下设办事、政工、生产、后勤组。1978年6月撤销革命委员会,恢复广州铁路分局。

一张泛黄的广州铁路管理局第一职工学校结业证书,恰是这段历史的见证。其主背景是铁路路徽,左侧是骑马线和骑缝章。30岁的学员凌镇球在该校客运人员班学习期满,经考试合格,准予发给结业证书,校长杨彬舟,1954年9月15日,并盖有"广州铁路管理局第一职工学校"的印章。

1949年底至1952年,广州铁路分局成立教育股,分区工会成立职工教育委员会,分别在铁路局教育处和区工会的领导下,负责组织开展职工技术教育和扫盲工作。各主要基层站段也在技术室配备了职工教育专职人员,组织职工日常的技术业务学习,对新工人签订师徒教学合同,举办短期技术学习班等。

广州铁路管理局第一职工学校结业证书

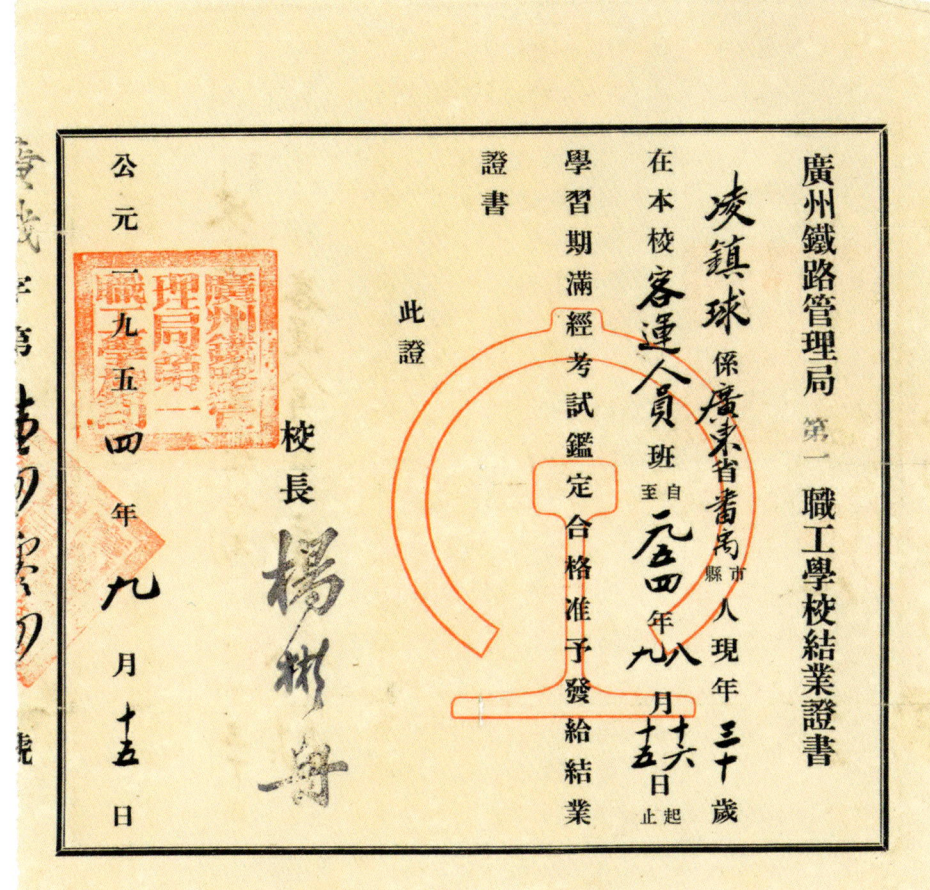

廣州鐵路管理局 第一職工學校結業證書

凌鎮球 係廣東省 普寧 縣(市)人 現年三十歲 在本校 客運人員 班 自一九五四年八月十六日起 至一九五四年九月十五日止 學習期滿經考試鑑定合格准予發給結業證書

此證

校長 楊松舟

公元一九五四年九月十五日

广州铁路局广州机务段技工学校 1960年广州铁路局广州机务段技工学校颁发的结业证书，上部印有书本图案，中间为证书主要内容，左上角贴有学生陈文渊的照片，左下角写有其各科成绩。证书边框主要由线条组成，右下角部分由麦穗图案组成，采用了非对称的构成方式，较为少见。

该证书是一个短期培训的结业证书。1953年7月，广州铁路局公布《职工技术教育实施办法》，各主要站段成立技术教育室，负责组织职工日常技术业务学习，开办短期技术训练班。其先后开办了新工人培训、升职转岗人员培训、等级技术培训、适应性培训、岗位职务培训。1961年各站段成立职工教育办公室，作为教育处的派出机构，指导和管理职工教育，到1964年开展大练基本功活动。职工教育在"文化大革命"期间受到影响，只是在基层站段由老工人自发地采取师带徒的形式进行。1978年后，广州铁路局恢复教育处，各分局成立职工教育科，1986年开始推行干部岗位职务培训试点，使职工教育主动服务于铁路运输生产。

广州铁路管理局衡阳修配厂代办轨行车机修训练班 中华人民共和国成立后，衡阳铁路管理局就在衡阳五桂岭开办业务培训班，在衡阳苗圃开办司机养成所。1953年，两校合并更名为广州铁路管理局第二职工学校。

广州铁路管理局衡阳修配厂代办轨行车机修训练班颁发的结业证书，编号为第004号。证书内容：学生周志荣为广西省人，41岁，在本训练班学习期满，特发给此证书，厂长储稼季，1958年3月26日。

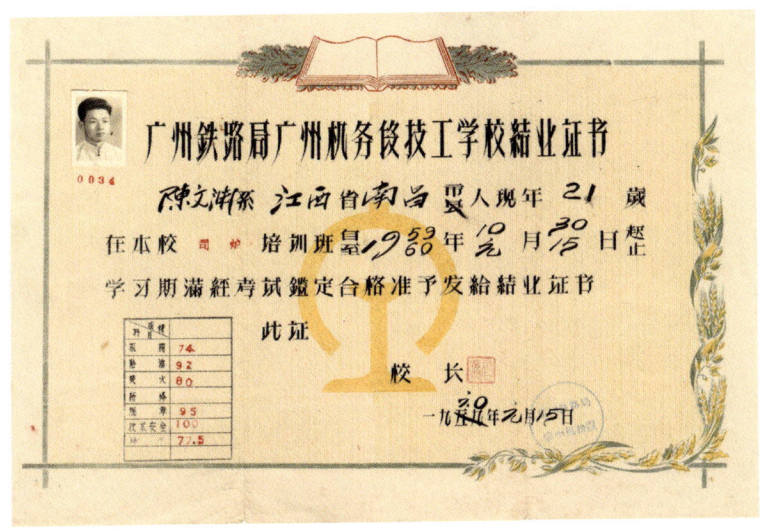

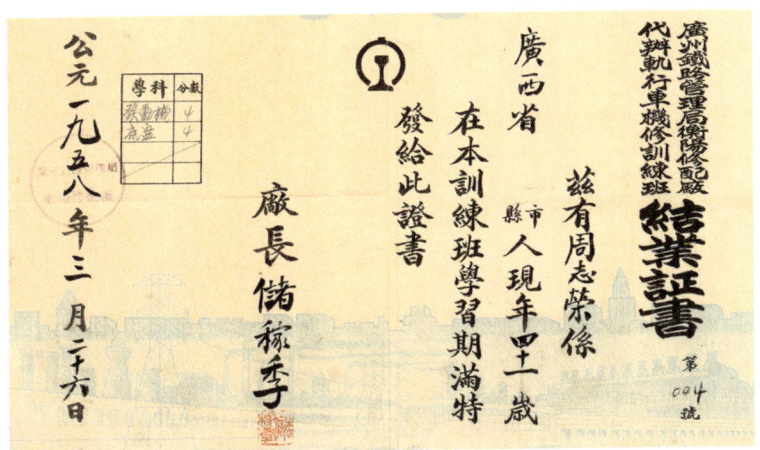

广州铁路局广州机务段技工学校结业证书
广州铁路管理局衡阳修配厂代办轨行车机修训练班结业证书

广西——桂中商埠特立独行

中华人民共和国成立初期,广西境内仅修建了湘桂、黔贵两条铁路,共计539公里。而在1955年至1985年期间,广西铁路建设一直处于小步慢跑的状态,其间仅建成黎湛和焦柳两条铁路。直到改革开放以后,广西铁路建设才迎来了快速发展期。

而素有"桂中商埠"之称的柳州,则一直是沟通西南与中南、华东、华南地区的铁路中枢及区域性综合交通枢纽。1953年1月1日,柳州铁路局成立,至此成为了全国唯一一个不在省会城市设立的铁路局。其管辖湘桂、黔桂、焦柳、黎湛和南昆五条铁路线,承担着广西及西南地区的客货运输任务,堪称西南各省特别是广西经济发展的交通骨干。

南宁车站

柳州铁路职工子弟中学　这所中学的前身是宜山扶轮中学，1946年秋由原湘桂黔铁路工程局创办于广西宜山。1949年11月宜山扶中迁校柳州。1950年4月，更名为柳州铁路职工子弟中学。1953年1月，归新成立的柳州铁路管理局管辖，并按铁道部、教育部联合指示精神，柳州市文教局对学校教学业务直接领导。1960年，柳州铁路局普教事业有较大的发展，学校改称柳州铁路局柳州铁路第一中学。1959年9月，该中学曾被定为广西重点中学。经过十年动乱，1978年9月再次确定为自治区属16所重点中学之一。

柳州铁路职工子弟中学颁发的毕业证书，边框为红色剪纸式花纹。此证书特别之处在于：上文为壮文，下文为汉字。两张证书均属于学生甘永清，第一张证书显示：该学生于1958年至1959年毕业于柳州铁路职工子弟第二中学，在本校高小部修业期满，成绩及格，准予毕业。第二张证书显示：该学生在1961年至1962年毕业于柳州铁路职工子弟第一中学，在本校初中部修业期满，成绩及格，准予毕业。

柳州铁路管理局职工学校　1953年1月1日，柳州铁路管理局成立，实行管理局直接领导站段的两级管理制度，管辖湘桂铁路冷水滩（不含冷水滩）至凭祥站及黔桂铁路柳州至金城江站。尹诗炎任副局长代局长，赵滔任局党委书记兼政治部主任。同年3月23日，柳州铁路管理局职工学校成立（1958年至1959年间曾与干部文化学校、党训班合并），开始走向有计划地培训职工的道路。1957年扩展为1000人的培训规模，到20世纪60年代初期，初步建立起局、分局、站段三级职工教育管理体系。"文化大革命"

柳州铁路职工子弟中学毕业证书

华南 两广共饮一江水

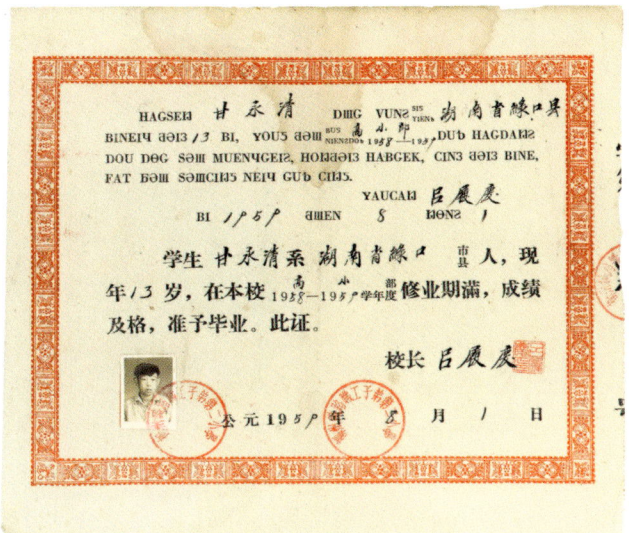

期间，1969年8月13日职工学校被撤销，三级管理体系受到冲击。1980年4月3日，职工学校得以恢复，并不断发展。

柳州铁路管理局职工学校结业证书十分简易，四周为红色加粗边框，中间是铁路徽标，左侧有骑马线和骑缝章。证书显示学生在学校车长班修业期满，经考试成绩合格，准予发给结业证书，1955年12月25日，并盖有柳州铁路管理局职工学校的红色印章。

柳州铁道学院 该学校也有一段"进化"历史。1956年1月，柳州局根据中央精神"谁用干部谁办学校""三年内中专要加速发展"的精神，开始筹建运输学校。同年8月铁道部柳州铁路运输学校正式成立，9月正式开学上课。建校初期，设铁道经营、商务管理两个专业，招收初中毕业生，学制4年。1957年合并为铁道运输专业，学制改为3年。

1958年，根据铁道部及广西壮族自治区的决定，柳州铁路运输学校改称为广西铁道专科学校，设铁道运输、土木、铁道电信三系，招收高中毕业生，学制3年半。1960年改称为柳州铁道学院，设铁道、建筑、电信、师范系，招收高中毕业生，学制本科4年、专科3年。

1963年，根据铁道部决定，柳州铁道学院停办，恢复运输学校建制，学制4年，招收初中毕业生。1964年10月，增设"职业部"，开办运输、房建职业班，实行半工半读制度，招收初中生毕业生，学制4年。1969年学校被撤销。

毕业文凭来源于学生柯贤松，系湖北省大冶市人，现年23岁，于1956年9月6日入本院中专部学习铁道经营专业，学习四年。按教学计划完成全部学业，成绩及格，准予毕业，1960年7月3日。

柳州铁路管理局职工学校结业证书
柳州铁道学院毕业文凭

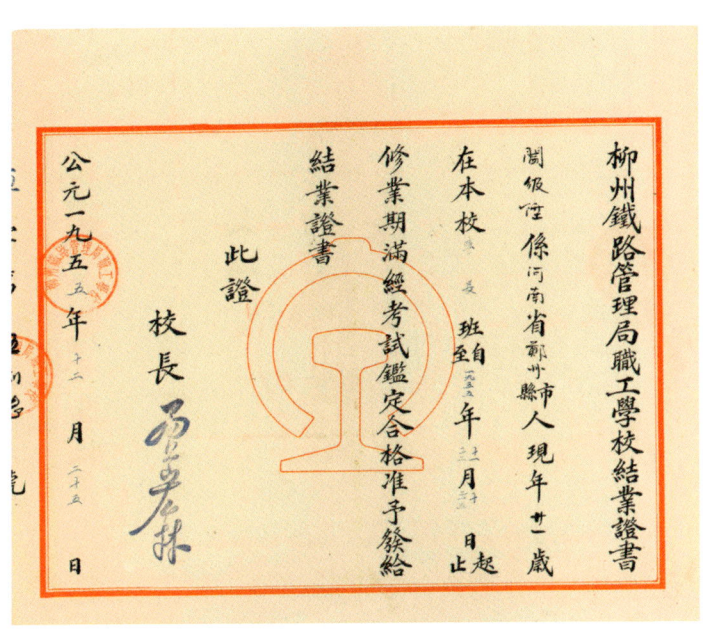

对话

《中国收藏》
温艳才

那些年，那些证，那些事

收藏铁路学院证书，是出于某种特殊情结吗？

1987年，我考上一所中专学校——哈尔滨铁路工程学校。在那个年代，铁路行业有着"铁老大"之称，而且又正值全国铁路的恢复和建设时期，铁路专业人才十分紧俏。所以，中专铁路院校的录取分数线比重点高中还要高，能考上是非常不易的。

母校建校于1959年，我选择的专业是铁路工程。当时铁路专业有两大"门面"：一是绘图，二是测量。要想掌握这些技能，也是需要付出艰辛努力的。

1991年毕业后，我进入集（宁）通（辽）线工作。集通铁路是内蒙古自治区的重要铁路干线。20世纪90年代兴起"文凭热"，工作后我也发现所学知识并不够用，于是就不断地进修。这点认知，与我收藏铁路证书太有关系了。这些证书就像一个强有力的推手，不断鞭策着你去学习、去进步，对我来说，这是一个巨大的潜在动力。

■ 还记得什么时候收藏的第一张毕业证书吗?

　　我收藏的第一张铁路院校毕业证书应该是1994年在深圳的一个书城入手的。一开始,我是奔着股票债券类藏品去的。跟一位摊主聊开后,他拿出一张毕业证书,问我喜不喜欢。我一看,这张证书是民国时期的,用的是厚棉纸,上面的字为毛笔书写,整体简单又不失庄重,我就顺带买了回来。

　　那时候,收藏市场上的毕业证书价格还很便宜。如果你不特意跟摊主打听,人家也不一定会拿出来。因为它毕竟是一个小众的门类。

　　收了第一张就有了第二张,如此慢慢累积起来了,并且逐渐发展到对它的收藏研究越来越痴迷的地步。

■ 您认为证书收藏最大的魅力在哪里?

　　在我眼中,这些证书反映了时代的背景,留下了历史的痕迹。比如20世纪三四十年代的战争时期,不少学校从北方迁移到南方,等到中华人民共和国成立后再迁回原地。而相关证书恰恰见证和记录了校史的变化。

再比如抗战时期，为了抗击日本侵略者，中国人以"拆铁路"为荣；到了 1949 年以后，恢复建设铁路需要大量的专业人才，很多人还没等到毕业就进入工作岗位，所以出现了临时毕业证书、补发毕业证书的情况。

所以，无论是材质、字体，还是图案、图章，铁路院校证书中这些细节的变化都蕴藏着时代的"密码"。通过对它们的收藏研究，你既可以一窥丰富的人情百态和别样的人生成长，也可以感受文化的差异、人才的传承、时代的脉搏。

在收藏铁路院校证书的过程中，有哪些让您印象深刻的故事吗？

现在回想起来，我在收藏过程中遇到过很多的机缘巧合。

茅以升先生是著名土木工程专家、桥梁专家、工程教育家，对我国铁道科学技术的进步做出了卓越的贡献。我收藏了许多与他相关的藏品，比如先生担任校长时签署的毕业证书、修建武汉长江大桥时签署的合同，等等。

因为喜欢，所以也想要更多地了解他。2017 年，我入手了一本《茅以升选集》，上面有先生的落款，赠予人是"赐麟先生"，而且是"大鉴"。我心想，究竟是什么样的大人物，能让先生如此恭敬？一查，了不起！原来是著名建筑钢结构专家陆赐麟先生。当年北京亚运会游泳馆、第 43 届世乒赛天津主赛馆、四川攀枝花市体育馆等场馆项目，陆赐麟先生都参与了技术咨询与成果鉴定。进而我就琢磨，能不能找到一张陆先生的毕业证书？

过了两三年,有个圈内朋友问我:"老温,有张陆赐麟的毕业证书,你要不要?"哎呀,这不正好是我一直寻寻觅觅的吗?2020年年底,我终于收获了这张毕业证书。它被夹在一卷资料当中,这份资料包括陆先生和他夫人的毕业证书、结婚证书,品相非常好。据我判断,有可能是当时搬家或者变动时给当成废品卖了,然后辗转"流"到了我这里。我觉得这是巧合,也是冥冥中注定的缘分。

您从收藏研究中获得了什么?

铁路院校证书属于重要的个人资料,一般不会轻易丢弃,由此可见它的收藏难度。而到了研究阶段,就是一个更加庞大的工程了。针对某一个人或者某一个学校,如果想寻求与之相关的所有证书,就需要想方设法查找书籍、搜集资料。例如刚刚提到的茅以升先生,我手上光是与他有关的书籍就有数十本,更不用说相关的资料了。

相对来说,大人物的背景资料还是比较容易找到的,而那些默默无闻的小人物其实更难。我的思路是,如果收藏有某一个人的大学毕业证书,就想要把这个人在其他学习阶段的证书都补齐。我曾经最长耗费8年时间,才搜全一个人的毕业证书。

这些年,我不断地找实物、查资料、四处寻访,在这个过程中遇到过不少难题,有时候也会无疾而终,但收获的快乐是妙不可言的,甚至还会有感动。

■ **能否举一个具体例子？**

比如我收藏了一批资料，包括履历表、证明、毕业照、等等，是出自20世纪50年代初天水铁路学校培训班的。当年，这批学生为了国家资源建设，响应学校号召，还没等拿到毕业证书就义无反顾地走上工作岗位。20世纪80年代，他们已至退休年龄。因为政策落实的需要，为了证明自己是从天水铁路学校毕业，他们又是开介绍信，又是查找资料，整个找寻的历程相当艰辛。多年后，当我研究这批资料时，才得知了这个故事。我曾试图联系这些毕业生，但最终没有实现。

我还收藏了一套一位从解放军铁道兵学校毕业的老兵资料。我也曾多次产生过寻找这位老兵，并将资料送还给他的想法，但也没有成功。像这类毕业证书，如果有一天主人找到我，我仍然很乐意无偿地物归原主。尽管搜集它们耗费了我时间、精力和金钱，但收藏不是据为己有，而应该让藏品变得更有价值与意义。

■ 从您的故事中可以看到,收藏铁路院校证书也是在还原一个时代。如您刚才所说,将人生的大部分精力花在"找人"上,您认为值得吗?

值得。目前我收藏的铁路院校毕业证书已有数千张,当中一个大板块又集中在20世纪五六十年代,大概有上千张。而这些年,我的日常就是"寻找",而且一旦迈开脚步,便不再停止。

这些年,我一边寻藏,一边研究,最大的感触就是顺着历史的脉络追根溯源,让我深深体会到身为中国人的幸福感。比如当你看到1949年前中国铁路的贫瘠,到战争苦难结束,中华人民共和国成立,"一五"期间大力恢复生产建设,再到去年中国高铁总数达到3.78万公里,当今的中国高铁已领先世界……短短几十年间,这种翻天覆地的变化是怎样的辉煌!收藏研究这些证书,时时刻刻都在唤起我的荣誉感,为祖国而感到骄傲!

而辉煌绝不是凭空诞生,它是靠一代又一代人的智慧和汗水辛勤打造而成的。当活跃其中的身影,随着研究的深入逐渐清晰,常常令我感动不已。与不同时空、不同的人产生交集与共鸣,这是铁路院校证书带给我的另一种精神充实。

另外,对收藏者来说,光收不研,不能称为"藏";研究不透,不能称为"家",能够做到人无我有,人有我精,把你手中的藏品研究透彻,那你就是专家。朝这个目标不断努力,我想,这不正是我收藏证书的初心吗?

索引

B

49 北京铁路职工子弟第二中学
50 北京铁道学院
64 保定铁路职工子弟小学
71 包头铁路职工子弟中学
72 包头铁道学院

C

29 长春铁路助产士学校
102 成都铁路工程学校
102 成都铁路卫生学校
104 成都铁路学校
108 成都铁路分局荷花池铁路职工子弟中学
122 长沙铁道学院
133 蔡家坡铁路扶轮中学（郑州扶轮中学）

D

22 大石桥地区小学
23 东北铁路工程局职工子弟小学及初级中学
34 东北铁路学院
171 德州铁路小学

G

115 贵阳铁路工程学校
178 广州铁路管理局第一职工学校
180 广州铁路局广州机务段技工学校
180 广州铁路管理局衡阳修配厂代办轨行车机修训练班

H

34 哈尔滨铁路工厂技术训练班
36 哈尔滨铁道学院
124 衡阳铁路管理局业务技术训练班
126 衡阳铁路工程学校
126 衡阳铁路职工子弟第三小学
150 华东军政委员会交通部交通运输干部学校
160 杭州铁路职工子弟第一小学

J

8 锦州扶轮小学第二校
8 锦州铁路运输学校
10 锦州铁路管理局职工学校
12 锦州铁路管理局培训学校
17 锦州铁路职工子弟第一中学
18 锦州铁路管理局干部学校
29 吉林铁路职工子弟第一小学
31 吉林铁路管理局吉林职工业余文化学校
31 吉林铁路运输经济学校
72 集宁铁路职工学校
108 九龙坡铁路职工子弟小学
142 交通大学
159 交通部部立玉山扶轮中学
167 济南铁路管理局
167 济南铁路职工子弟第一小学

L

79 兰州铁路职工子弟学校
184 柳州铁路职工子弟中学
184 柳州铁路管理局职工学校

186 柳州铁道学院

N

155 南京铁路运输学校
165 南昌铁路局向塘职工中学

Q

39 齐齐哈尔铁路职工子弟第一小学
39 齐齐哈尔铁路工程学校
156 戚墅堰机车车辆修理工厂职工业余政治学校
171 青岛扶轮中学

S

4 沈阳铁路管理局大连第一职工学校
6 沈阳机车车辆工厂红专大学
148 上海铁道学院
148 上海铁路管理局中级技术学校

T

49 铁道部干部学校
57 天津铁路管理局中级技术学校
57 天津铁路学校
57 天津铁路职工子弟第二小学
59 天津大学
63 唐山铁道学院
64 唐山工学院
67 天津铁路管理局太原中级技术学校
67 太原铁路学院
69 太原铁路医院

87 同蒲铁路半坡扶轮学校
130 铁道部大桥工程局干部学校
144 同济大学

W

93 乌鲁木齐铁路职工子弟第一小学
130 武汉铁路分局武汉铁路职工子弟学校

X

85 西安铁路职工子弟第一中学
91 新疆铁道学院
106 西南交通大学
106 西南铁路工程局成都职工子弟中学
160 萧山铁路职工子弟小学

Y

81 晏家坪铁路职工子弟小学

Z

20 中长铁路大连铁路工厂青年技工学校
36 中央人民政府铁道部哈尔滨卫生学校
47 中国新民主主义青年团全国铁道工作委员会
122 株洲机车车辆修理厂技工学校
133 郑州铁路卫生学校
135 郑州铁道学院
135 郑州铁路管理局郑州工人技术学校
163 中共南昌铁路分局党委训练班

注：本索引按词目第一个汉字的首字母排列。

参考文献

1. 《锦州铁路分局志 1891—1985》，中国铁道出版社，1999 年
2. 《沈阳铁路局志 1891—1995》，中国铁道出版社，1997 年
3. 《沈阳机车车辆工厂志》，辽宁大学出版社，1987 年
4. 《齐齐哈尔铁路工程学校校史 1946—2000》，2002 年
5. 锦州市教育志编写办公室编：《锦州市学校简介》，1988 年
6. 中国铁路教育史高教篇编写组：《原铁路院校大事记汇编 1949—2000》，2005 年
7. 葛玉红．《沪宁铁路与江苏社会 1903—1927》，江苏大学出版社，2014 年
8. 沈阳铁路局志编纂委员会：《沈阳铁路局志稿 教育篇》，1990 年
9. 《吉林铁路分局志 1896—1985》，中国铁道出版社，1995 年
10. 沈阳铁路局档案馆、老干部部、史志办公室编：《沈阳铁路人物志（上下）》，1990 年
11. 校志编写组：《锦州铁路第一中学校志 1948—1985》，1986 年
12. 辽宁省地方志编纂委员会办公室主编：《辽宁省志 铁道志》，中国铁道出版社，2000 年 12 月
13. 沈阳铁路分局史志办公室编：《沈阳铁路分局志 1898—1988》，1990 年
14. 张毅、易紫编著：《中国铁路教育的诞生和发展 1871—1949》，西南交通大学出版社，1996 年 8 月
15. 劳动和卫生司编写组：《中国铁路志》第十卷科技教育志教育篇（二、三、四）
16. 吉林省地方志编纂委员会：《吉林省志 交通志（1986—2000）》，2015 年
17. 王国栋主编：《当代中国铁路中学大全》，陕西人民教育出版社，1992 年
18. 中国铁道协会教育委员会编：《中国铁路教育史（1949—2000）》，西南交通大学出版社，2006 年
19. 教育大辞典编纂委员会：《教育大辞典》，上海教育出版社，1990 年
20. 《哈尔滨铁路局志（1896—1994）》上、下册，中国铁道出版社，1996 年
21. 《哈尔滨铁路分局志（1896—1995）》，中国铁道出版社，1999 年
22. 《齐齐哈尔铁路分局志（1896—1985）》，中国铁道出版社，1992 年
23. 《天津铁路分局沧州职工子弟第一小学校志（1949—1985）》，1988 年
24. 《西安铁路分局志（1905—1990）》，1997 年
25. 《海拉尔铁路分局志（1896—1996）》，中国铁道出版社，1997 年
26. 《牡丹江铁路分局志（1896—1993）》，中国铁道出版社，1999 年
27. 《北方交通大学志》，中国铁道出版社，2001 年
28. 《北京铁路局志（1881—1987）》上下册，中国铁道出版社，1995 年

29.《中国铁路教育志稿（1868—2010）》，西南交通大学出版社，2013年
30.《哈尔滨铁路分局中小学志（1898—1996）》征求意见稿，1997年
31.《三十六棚（哈尔滨车辆工厂史）》，黑龙江人民出版社，1980年
32.《铁道部第三工程局志（1952—1996）》，北岳文艺出版社，2002年
33.《石家庄铁路分局志（1897—1990）》，中国铁道出版社，1997年
34.《全国铁路专业学校简介》，铁道部教育局，1983年
35.《上海交通大学志（1896—1996）》，上海交通大学出版社，1996年
36.《柳州铁路局志》，中国铁道出版社，1997年
37.《青岛铁路分局志（1899—1990）》，中国铁道出版社，1998年
38.《成都铁路分局志（1952—1989）》，1992年
39.《济南铁路分局志（1899—1985）》，中国铁道出版社，1994年
40.《兰州铁路分局志》，中国铁道出版社，2002年
41.《徐州铁路分局志（1908—1985）》，1989年
42.《新乡铁路分局志（1902—1986）》，1994年
43.《贵阳铁路分局志（1898—1988）》，中国铁道出版社，2000年
44.《重庆铁路分局志（1903—1990）》，1992年
45.《广西通志 铁路志》，广西人民出版社，1992年
46.《山西通志第二十二卷》，中华书局，1997年
47.《洛阳铁路分局志（1905—1985）》，1992年
48.《郑州铁路局志（1893—1991）》上下册，中国铁道出版社，1998年
49.《呼和浩特铁路局志（1914—1988）》上下册，中国铁道出版社，1994年
50.《上海铁路分局志（1950—1995）》，中国铁道出版社，2003年
51.《昆明铁路局志（1903—2000）》，中国铁道出版社，2005年
52.《长沙铁道学院校史》，中南大学出版社，2013年
53.《广铁集团志（1896—2000）》，中国铁道出版社，2002年
54.《衡阳铁路分局志（1950—1986）》，中国铁道出版社，2002年
55.《内蒙古自治区志 铁道志》，中国铁道出版社，1998年
56.《云南省志 卷三十四 铁道志》，云南人民出版社，1994年
57.《济南铁路局教育志（1899—1985）》，1991年
58.《太原铁路分局志（1896—1995）》，中国铁道出版社，1999年
59.《杭州铁路分局志（1906—1995）》，中国铁道出版社，2005年
60.《江西省志 铁路志》，中共中央党校出版社，1994年
61.《大连机车车辆厂简史（1899—1999）》，中国铁道出版社，1999年
62.《黑龙江省志 第三十四卷 铁路志》，黑龙江人民出版社，1992年
63.《山东省志 铁路志》，山东人民出版社，1993年
64.《乌鲁木齐铁路局志（1971—2000）》，中国铁道出版社，2006年
65.《上海铁道学院志》，1996年
66.《成都铁路局教育志（1901—1990）》，1993年
67. 孙培育主编：《中国教育史》，华东师范大学出版社，1992年

注：本书配图均由温艳才提供。

后记

收藏界流传一句话，叫独乐乐不如众乐乐。2018年，当我的收藏研究积累了一些经验与成果时，便开始筹划将铁路院校证书以书籍的形式，呈现给更多读者。如果二十多年的心血，能以此达到"众乐乐"，也算是我为铁路文化的传承做的一点贡献。

经过两年多的思索后，我下定了决心，并默默地启动了这个项目。找寻历史资料，考证历史事实，探究史料价值，这个过程让身为一个铁路人、一位收藏家、一名共产党员的我，感到无比的自豪与骄傲。

我深知，集藏与研究并举，才是收藏的方向，对某一门类进行总结，才能实现文化传承。在不断搜集铁路院校证书的基础上，我开始把注意力转到铁路教育史的研究上。循着一张张毕业证书存留的信息，探讨每个铁路院校的历史沿革，研究铁路行业和职业教育的发展轨迹，思考铁路教育对铁路事业发展所产生的影响……这些都是极富意义的课题。

当然，著书立说并非易事。真要动笔时，我感到困难重重，其中史料的搜寻与考证是最大的难点。由于本身对教育事业的了解存在局限性，所以面对浩瀚的藏品素材时，我却不知该从何入手。此外，科学的归纳提炼也考验着我的功力。一度纠结彷徨、犹豫不决，在不愿意放弃却又找不到门路的时候，我曾经求助于同为收藏家的朋友们，然而，支持者寥寥无几。在他们看来，这个项目太小众，可能会"叫好不叫座"。这些苦口婆心的劝导，一次次地给我泼冷水，让我彻夜难眠。我也一次次地问自己：还

要不要坚持？

幸好，我选择了坚持。走到今天，我深深地感谢中国收藏杂志社编辑团队，感谢纸币收藏家曹冲冲先生，是他们让我坚定自己的目标；也感谢中国铁道出版社许世杰主任给我的悉心指导；感谢中国收藏家协会铁路文化收藏委员会赵向红秘书长先后两次为我组织项目论证会；感谢收藏家金万智先生、牛双跃先生等给予我的鼓励与支持！最终，我开启了人生的"第一次"——第一次著书立说，第一次系统展示研究成果。

当这一部作品即将出版，并成为中华书库的一个编码时，我的心情是复杂的。收藏，让我经历太多，付出太多，数以千百次地在收藏市场淘宝，坚持把冷门集藏变成专业门类，再把研究成果编辑成书，这一切都是辛勤与汗水的结晶。作为一名铁路人，能以证书收藏阐述铁路教育历史，是我孜孜以求的信念，也是我对铁路的热爱、对文化的传承最诚挚的表达。

这本书是我的处女作，也是我在百忙工作中挑灯熬夜的成果，有不成熟、不完善之处，恳请大家多多指正。我也希望它可以抛砖引玉，作为一个范例，促进中国铁路文化收藏的藏研结合。对铁路文化的传承能尽到自己的微薄之力，就是我的幸福与荣耀所在。

温艳才
2021年春节于河南濮阳

图书在版编目（CIP）数据

铁路典藏：新中国早期铁路院校毕业证书 / 温艳才著；中国收藏杂志社编 . —北京：中国商业出版社，2021.7
ISBN 978-7-5208-1663-2

Ⅰ.①铁… Ⅱ.①温…②中… Ⅲ.①铁路系统 – 教育史 – 史料 – 中国 Ⅳ.① U2-4

中国版本图书馆 CIP 数据核字（2021）第 106377 号

责任编辑：林 海 刘万庆

中国商业出版社出版发行
010-63180647 www.c-cbook.com
（100053 北京广安门内报国寺 1 号）
新华书店经销
北京华联印刷有限公司印刷

787 毫米 ×1092 毫米 16 开 13.5 印张 60 千字
2021 年 7 月第 1 版 2021 年 7 月第 1 次印刷
定价：218.00 元

（如有印装质量问题可更换）